La
Biblia
del
Psiquismo

La Biblia del Psiquismo

Guía esencial para desarrollar las capacidades psíquicas

Jane Struthers

aia Ediciones

Para Frank Clifford y Roberto Campora,
con mucho amor.

Título original: *The Psychic's Bible*
Publicado por primera vez en 2007,
en Reino Unido, por Godsfield Press, una división
de Octopus Publishing Group Ltd.
2-4 Heron Quays, Londres E14 4JP

© Octopus Publishing Group, 2007, 2009
Del texto: © Jane Struthers, 2007

Traducción: Miguel Iribarren

De la presente edición:
© Gaia Ediciones, 2012
Alquimia, 6 - 28933 Móstoles (Madrid)
Tel.: 91 614 53 46
e-mail: contactos@alfaomega.es
www.alfaomega.es

Primera edición en castellano: septiembre de 2013

ISBN 978-84-8445-468-7

Cualquier forma de reproducción, distribución,
comunicación pública o transformación de esta
obra solo puede ser realizada con la autorización
de sus titulares, salvo excepción prevista por la
ley. Diríjase a CEDRO (Centro Español de
Derechos Reprográficos, www.cedro.org) si
necesita fotocopiar o escanear
algún fragmento de esta obra.

Índice

INTRODUCCIÓN	6
EXPLORAR LA MENTE	32
ENERGÍA SUTIL	58
PROTECCIÓN PSÍQUICA	96
SANACIÓN ENERGÉTICA	124
HERRAMIENTAS PSÍQUICAS	156
CANALIZACIÓN Y GUÍAS ESPIRITUALES	222
AMOR PSÍQUICO Y PAREJA DEL ALMA	282
MASCOTAS PSÍQUICAS	314
DIRECTORIO DE CAPACIDADES PSÍQUICAS	338
GLOSARIO	384
BIBLIOGRAFÍA	388
ÍNDICE TEMÁTICO	390
AGRADECIMIENTOS	399

Introducción

Definir las capacidades psíquicas

Si has empleado alguna vez tu sexto sentido, ya has hecho uso de tus poderes psíquicos. La mayoría de los seres humanos tenemos cinco sentidos físicos que acostumbramos a dar por sentados: vista, oído, olfato, gusto y tacto. Estamos tan acostumbrados a usarlos que no siempre nos damos cuenta de cuánto dependemos de ellos. Pero no sentimos tanta confianza a la hora de utilizar nuestro sexto sentido, nuestras capacidades psíquicas. En principio puede resultar muy difícil definirlas, porque no podemos verlas, olerlas ni tocarlas: son sutiles e invisibles. Podríamos experimentarlas como una extraña sensación en la boca del estómago, o como un conocimiento repentino al que no podemos dar una explicación lógica. Simplemente sabemos que hemos sintonizado con algo misterioso, nebuloso, o incluso inquietante.

Los poderes psíquicos cubren una amplia variedad de capacidades. Puedes compararlos con un interruptor: algunas personas han nacido con este interruptor plenamente activado, de modo que incluso en la infancia están en su totalidad conectadas con su sexto sentido o sus dones psíquicos. Otras personas tienen que trabajar duro para activarlos, tal como tendrían que hacer si quisieran aprender a tocar un instrumento musical. Y descubren que, con la práctica, lo que antes les parecía una actividad tan extraña, gradualmente se convierte en su segunda naturaleza. Y algunas personas nunca conectan conscientemente con sus capacidades psíquicas, tal vez porque tienen miedo de ellas o porque piensan que son cosa del diablo. Alternativamente, también es posible que no crean en ellas por-

Tener poderes psíquicos implica estar sintonizado con un mundo de sensaciones e ideas que no vemos.

que la ciencia no puede explicarlas. Bueno, lo cierto es que todavía no.

Las personas con grandes capacidades psíquicas sintonizan con un mundo que es invisible para quienes no tienen dichos poderes. Es posible que vean fantasmas y espíritus, que sintonicen con ambientes específicos, que vean auras o sepan cosas sobre otras personas sin que se las hayan dicho. En cualquier caso, los poderes psíquicos no tienen por qué ser tan espectaculares, y pueden ir y venir sin razón aparente.

Con la práctica descubrirás las herramientas psíquicas que mejor funcionan para ti.

Cómo puede ayudarte este libro

Tanto si el interruptor de tus capacidades psíquicas ya está activado como si estás comenzando a desplegar tus sentidos psíquicos, este libro te ayudará a desarrollar tus habilidades. Te ofrece una serie de técnicas, como el trabajo con el sistema de energías sutiles del cuerpo, la sanación energética, la creación de una protección psíquica y el contacto con tus guías espirituales.

El directorio de capacidades psíquicas que viene al final del libro te ayudará a dar un paso más.

Distintos poderes psíquicos

Cuando empieces a desarrollar tus poderes psíquicos, es posible que no puedas clasificarlos en una categoría particular. Por ejemplo, puedes saber quién te está llamando por teléfono simplemente al escuchar el tono de llamada.

Quizá sepas cosas de otras personas sin que te las digan, o tal vez te guste visitar edificios antiguos porque tienes una sensación muy clara de la gente que vivió allí. Es posible que ni siquiera pienses mucho en estos dones porque los ha tenido toda tu vida, pero estos son ejemplos esclarecedores de capacidades psíquicas, y todas tienen nombres concretos.

Las bolas de cristal tienen muchas formas y tamaños, pero es importante usar la que te vaya mejor.

A medida que practiques y adquieras confianza, tus lecturas serán más ricas e intuitivas.

Los cuatro tipos de habilidades psíquicas

Las capacidades psíquicas pueden dividirse en cuatro categorías. La mayoría de las personas que quieren desarrollar sus talentos psíquicos descubren que tienen una inclinación natural hacia dos cualesquiera de las categorías, como la clarividencia y el «conocimiento claro» (clariconocimiento). Ninguna de estas categorías es mejor ni supone una evolución espiritual mayor que cualquier otra, de modo que esta clasificación no sigue un orden jerárquico.

Clarividencia

Esta es la capacidad psíquica con la que la mayoría de nosotros estamos familiarizados. Clarividencia significa «ver con claridad», y describe la capacidad de ver las formas de los espíritus, que pueden presentarse como materializaciones o pueden contemplarse con el ojo de la mente.

Clariaudiencia

Cuando alguien tiene el don de la clariaudiencia, puede oír voces y ruidos del mundo espiritual, bien dentro de su cabeza o como sonidos externos.

Sentir claro o clarisentiencia

Clarisentiencia significa «sentir claro». Puede experimentarse como la capacidad de sintonizar con el ambiente de una habitación o de experimentar las alteraciones físicas o emocionales de otras personas como si le estuvieran ocurriendo al clarisentiente mismo. Las corazonadas y otras formas de intuición también entran en esta categoría.

Conocimiento claro o claricognición

Significa «conocer con claridad» la capacidad de saber cosas sin que a la persona le hayan sido dichas y de recibir ideas plenamente formadas.

¿Por qué tenemos habilidades psíquicas?

A primera vista parece que todos estamos separados unos de otros. Yo estoy separada de ti, y tú estás separado de tu vecino. Imaginamos que todos somos entidades separadas que solo pueden conectar entre sí cuando eligen hacerlo. Pero ¿es esto cierto?

Los místicos han creído durante milenios que todos estamos conectados. Buda habló de esto, y también lo hizo Jesucristo. Así, en lugar de ser pequeños mundos separados, orbitando unos alrededor de los otros y conectando únicamente cuando lo deseamos, desde un punto de vista místico yo soy tú, y tú eres tu vecino. Incluso eres el gato de tu vecino. Y el gato de tu vecino es tú. No hay diferencia entre nosotros.

LA EXPLICACIÓN CIENTÍFICA

Lo interesante de esto es que la ciencia, habiendo denostado estas ideas (y especialmente los conceptos religiosos) durante siglos, está finalmente empezando a estar de acuerdo con ellas. Actualmente la ciencia está descubriendo lo que muchos videntes han sabido durante siglos: que todos estamos vinculados por nuestros campos energéticos. Existen varios términos diferentes para describir estos campos energéticos y encontrarás diferentes explicaciones sobre ellos, porque aún estamos empezando a entenderlos. Por ejemplo, Rupert

Los científicos están empezando a explorar los campos energéticos que nos rodean a todos.

Sheldrake, un científico británico que investiga entre otras cosas el comportamiento animal, se refiere a estos campos de energía llamándoles «campos mórficos».

Está más allá del ámbito de este libro explorar con gran detalle la ciencia de los campos energéticos. Y podrías argumentar que cualquiera que necesite una explicación científica de sus capacidades psíquicas está mirando la ecuación desde un ángulo equivocado. El psíquico o vidente no necesita la ciencia para validar sus experiencias antes de poder creer o poner su fe en ellas.

EN EL LABORATORIO

Si la ciencia está empezando a entender el concepto de que todo está vinculado con todo lo demás a través de los campos energéticos, ¿significa esto que ahora la ciencia puede observar esos campos energéticos en acción? En algunos casos, sí. Por ejemplo, la fotografía Kirlian puede captar el aura (el sistema de energías sutiles, véanse páginas 82-83) de una entidad viviente con una cámara. Pero muy frecuentemente los métodos científicos no son adecuados para poner a prueba las capacidades psíquicas. La ciencia tiene que poner a prueba un fenómeno repetidamente para poder entenderlo. Y si bien la cámara puede tomar in-

La fotografía Kirlian revela el aura de cualquier entidad viviente. Muestra claramente puntos de energía en torno al borde de esta hoja.

contables fotografías de las auras de las hojas, las personas y los animales, los humanos no somos capaces de repetir los experimentos del mismo modo.

Por definición, los videntes y psíquicos son sensibles y pueden reaccionar adversamente cuando se les presiona para obtener resultados en un laboratorio. Probablemente esta es la razón por la que los médiums y otras personas con poderes psíquicos pueden proporcionar pruebas muy convincentes de sus talentos en sus consultas, pero experimentan una reducción drástica de sus porcentajes de éxito cuando se les pide que den lecturas bajo la observación de los científicos. Para complicar todavía más las cosas se ha descubierto que, incluso cuando no están bajo la observación de los científicos, repetir una prueba psíquica varias veces produce una reducción significativa del nivel de éxito.

No obstante, algunos psíquicos han sido capaces de llevar a cabo pruebas de laboratorio con resultados asombrosos. A comienzos de la década de los 70, Uri Geller participó en múltiples test en diversos laboratorios de todo el mundo. Tomó parte en muchos experimentos realizados en el Instituto de Investigación de Stanford (ahora llamado SRI International), en California, incluyendo uno en el que fue capaz de influir en una balanza de precisión situada bajo una campana de cristal, haciendo que pesara menos y después que pesara más.

TOMA LA DECISIÓN

La mejor manera de evaluar las pruebas existentes a favor y en contra de los fenómenos psíquicos, y de entender un poco mejor cómo funcionan, es experimentarlos por ti mismo. Si nunca has hecho una lectura con un médium o nunca has recibido una curación psíquica, tal vez sea el momento de hacerlo. Alternativamente, si deseas experimentar con tus propias capacidades psíquicas pero no sabes muy bien por dónde empezar, podrías simplemente anotar todas las intuiciones, corazonadas, premoniciones y coincidencias significativas que experimentes. Podrías descubrir que estás conectado con algo más grande que tú. Presta más atención a tus capacidades psíquicas y empezarán a desarrollarse.

Las cartas Zener se usan para evaluar las capacidades psíquicas de una persona.

¿POR QUÉ TENEMOS HABILIDADES PSÍQUICAS?

¿Todos tenemos poderes psíquicos?

No todo el mundo nace con sus cinco sentidos físicos intactos. Algunos bebés pueden nacer ciegos, sordos o con algún problema físico que afecte a alguno de sus sentidos. Pero todos los niños nacen con cierto nivel de capacidad psíquica. La verdadera clave de este asunto es lo que realiza con ella.

NIÑOS CON PODERES PSÍQUICOS

Los niños pequeños usan regularmente sus capacidades psíquicas. En sus primeros años, muchos niños tienen compañeros de

Las capacidades psíquicas empiezan en el nacimiento, aunque depende de cada uno de nosotros lo que hagamos con ellas.

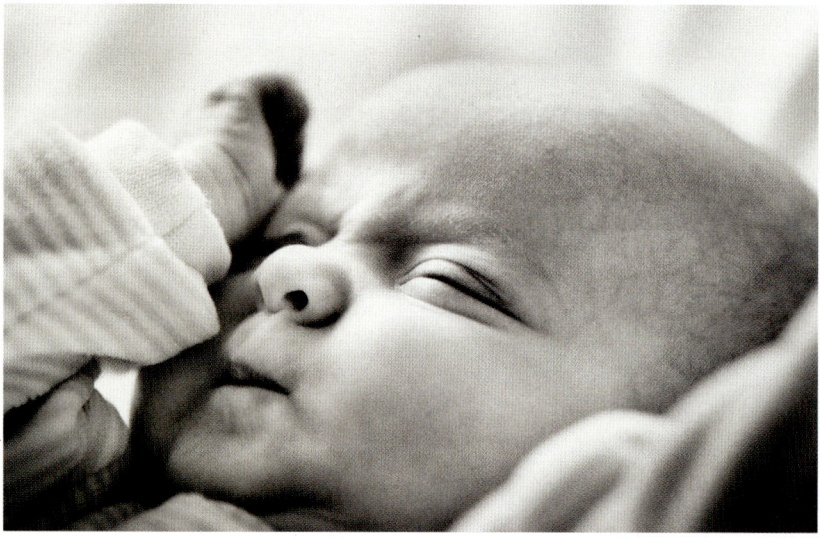

Los niños pequeños a menudo demuestran una notable capacidad psíquica innata.

juegos invisibles. ¿Son invenciones de sus imaginaciones hiperactivas o pueden realmente verlos?

De hecho, los niños a menudo dicen que han sido visitados por personas que, cuando las describen, resultan ser miembros de la familia fallecidos, como sus abuelos. Muchos niños también pueden recordar fragmentos de sus vidas pasadas, aunque esta capacidad suele desvanecerse con el tiempo. Estos niños que pueden recordar sus vidas pasadas abundan más en las culturas donde la reencarnación es una creencia aceptada.

Los niños usan sus talentos psíquicos de muchas maneras distintas, y creen en ellos. Pero generalmente suelen dejar de usarlos hacia la edad de siete años, cuando se dan cuenta de que los adultos bien intencionados que les rodean empiezan a regañarles por inventarse historias. Por ejemplo, es posible que les digan que ya son muy mayores para tener amigos invisibles o para decir que ven al fantasma de un hombre mayor en la habitación de invitados.

Aprenden a no hablar de sus experiencias psíquicas porque les traen problemas, y muy a menudo sus capacidades empiezan a desvanecerse, en parte por la falta de uso y en parte porque dejan de creer en ellas.

LOS ADULTOS PSÍQUICOS

Si te reconoces a ti mismo en estas descripciones, no desesperes, porque puedes reactivar fácilmente tus dones. Incluso si no fuiste psíquico de niño, aún puedes despertar tus capacidades dormidas. Porque la respuesta a la pregunta: «¿Todo el mundo tiene poderes psíquicos?» es: sí, en cierta medida todo el mundo los tiene. Todos tenemos cierto nivel de capacidad psíquica natural, y todos podemos desarrollarla más si lo deseamos.

¿Es tan solo mi imaginación?

Cuando empiezas a conectar con tus habilidades psíquicas, puede ser muy difícil saber si realmente estás usando tus poderes o si te lo estás imaginando. Normalmente estas habilidades se manifiestan de maneras muy sutiles, de modo que al principio puede ser difícil saber qué está pasando.

Después de todo, si las capacidades psíquicas se anunciaran a sí mismas a bombo y platillo, o si todos pudiéramos practicar la telequinesis y mover los objetos a voluntad, la ciencia habría aceptado su existencia hace mucho tiempo.

Es muy importante decidir si tus capacidades psíquicas solo son producto de tu imaginación.

Quieres saber si estás recibiendo una verdadera información psíquica o si está ocurriendo alguna otra cosa. Hay dos maneras de hacer esto. La primera es asegurarte de que estás calmado y centrado antes de empezar a usar tus poderes psíquicos; la segunda, tener la mente abierta y una actitud positiva.

MANTENTE EN CALMA

Si no te sientes equilibrado y en calma, no podrás detectar los cambios que se produzcan en tu campo energético o aura. Dichos cambios te informan de que has hecho una conexión psíquica con algo. Pero no los apreciarás en absoluto si estás tenso y crispado.

Un péndulo de cristal es un instrumento muy sensible en las manos adecuadas.

MANTÉN LA MENTE ABIERTA

Si no tienes la mente abierta con respecto a los experimentos psíquicos, interpretarás que cada evento tiene un mensaje psíquico para ti, o te dirás a ti mismo que estás perdiendo el tiempo y no está ocurriendo nada. Ninguna de estas actitudes es útil porque vienen de una mente cerrada. Si crees que cada pequeño escalofrío o sensación que experimentas indica una conexión psíquica, estás siendo tan dogmático como si te dijeras a ti mismo que estas ca-

La meditación es un medio excelente para acceder al estado de calma mental.

pacidades no existen. Incluso los médiums experimentados se mantienen abiertos a la idea de que una aparente comunicación de un espíritu podría no ser otra cosa que su imaginación haciendo horas extraordinarias. Por este motivo, siempre piden pruebas al espíritu antes de creer que han hecho contacto.

¿Son peligrosos los poderes psíquicos?

Las películas y los libros de terror son los principales responsables de que se crea que los poderes psíquicos son peligrosos. A menudo cuentan historias de alguien que siendo completamente inocente, y generalmente un poco ingenuo, empieza a desarrollar sus poderes psíquicos, y al hacerlo da rienda suelta a un torrente de fuerzas malignas que destruyen las vidas de todas las personas que le rodean. La realidad suele ser bastante diferente.

TOMA PRECAUCIONES SIMPLES

Sí, el desarrollo de tus poderes psíquicos puede conllevar algunos peligros, pero estos problemas solo surgen si no te proteges adecuadamente. Aunque esta idea puede resultar bastante alarmante, de hecho es perfectamente sensata y razonable. ¿Dejarías la puerta de tu casa abierta de par en par, de día y de noche, para que cualquiera —amigo o enemigo— pudiera entrar en ella? No. ¿Contactarías con alguien a quien no conoces de nada y le invitarías a pasar el día contigo o dejarías que influyera en todos tus pensamientos y acciones? No. Si empiezas a hablar con una desconocida en el autobús y ella comienza a decirte lo que deberías hacer con tu vida, ¿seguirías su consejo sin cuestionarlo? Probablemente no. Incluso es posible que bajaras del autobús antes de tu parada para alejarte de ella.

Sin embargo, algunas personas, a pesar de que tienen cuidado de cerrar la puerta de casa para mantener alejados a los intrusos, permiten que los miembros del mundo de los espíritus accedan a ellos sin restricciones, y sin antes comprobar sus credenciales. Existen algunas maneras simples de hacer esto, como pronto descubrirás. Debes «poner a prueba a los espíritus», como dijo San Pablo, preguntándoles si tienen buenas intenciones. Si empiezas a desarrollar tus poderes psíquicos sin saber con qué estás lidiando, es muy posible que tu vida no acabe siendo un espejo de la clásica novela de terror de Stephen King, *Carrie*, pero podrías tener algunas experiencias desagradables y enervantes. Realmente es mucho mejor ser precavido que lamentar las consecuencias. No te preocupes por la posi-

bilidad de ofender a los espíritus al preguntarles si son benignos. Ellos esperan que lo hagas.

Si te unes a un círculo psíquico, asegúrate de que esté dirigido por alguien que sabe lo que hace.

Maneras de prepararte

Antes de empezar a hacer un esfuerzo consciente para desarrollar tus poderes psíquicos, debes prepararte. Si lo haces, podrás fortalecer tu conexión con la intuición y con cualquier espíritu o guía con el que pudieras contactar, y también tendrás una idea mucho más clara de cuándo se están activando tus capacidades psíquicas.

Si no haces ninguna preparación para tu trabajo psíquico, nunca llegarás muy lejos, y no sabrás si las impresiones que estás recibiendo vienen de tu propia mente o de influencias externas.

Es muy importante tomar tierra y equilibrarte antes de emprender el trabajo psíquico; encontrarás los ejercicios correspondientes en las páginas siguientes (véanse páginas 24-25). Pero también puedes hacer otras cosas para prepararte.

RITUALES
Una manera muy eficaz de prepararte para el trabajo psíquico es realizar un ritual, que

Mantenerte en calma y equilibrado te ayuda a sintonizar con tus capacidades psíquicas.

puede ser tan simple o tan complicado como desees. Puede ser tan simple como encender una vela, sostener un cristal, cantar «Om» o reproducir una pieza en tu aparato musical. Haz lo que te resulte cómodo y lo que te ponga en el estado mental adecuado.

Por ejemplo, a la hora de elegir la música conseguirás mejores resultados si reproduces una pieza clásica o de música sacra que si optas por una estridente canción de rock.

Quieres promover un estado sereno y contemplativo, no estar vibrante de adrenalina y preparado para una fiesta especialmente desenfrenada.

VELAS

Si decides encender alguna vela, elige sus colores con cuidado. En el caso ideal, deberías usar velas blancas porque emiten una energía protectora y purificadora.

Asimismo, puedes usar velas altas o luces de noche, pero comprueba siempre que las usas de manera segura para evitar cualquier posibilidad de iniciar accidentalmente un incendio. Evita las velas rojas o negras porque emiten energías muy poderosas que son inapropiadas para este tipo de trabajos.

Puede ser muy útil realizar un ritual especial antes de emprender tu trabajo psíquico.

Tomar tierra y equilibrarte

Si quieres prepararte para sintonizar con tus poderes psíquicos, el primer paso siempre es tomar tierra y equilibrarte. Si estás centrado en ti mismo y en un estado de calma mental, te resultará más fácil detectar cualquier cambio en tus emociones o en tu cuerpo físico que podría tener su origen en tus poderes psíquicos. Por ejemplo, si ya te sientes ansioso y nervioso, no sabrás si los sentimientos adicionales vienen de dentro de ti o de fuerzas externas. Si tu mente ya está rebosante de pensamientos, no podrás darte cuenta de si se te ha ocurrido una idea adicional.

Aunque el ejercicio de tomar tierra de la página siguiente debe usarse siempre antes de emprender cualquier trabajo psíquico, también es excelente cuando te sientas ansioso o inestable.

Conforme te familiarices con el ejercicio podrás realizarlo en cualquier lugar, incluso haciendo cola en la caja del supermercado. Procura integrar este ejercicio en tu rutina diaria.

EJERCICIO DE TOMAR TIERRA

Inicialmente, al hacer este ejercicio podría parecerte que requiere mucho tiempo, pero con la práctica se irá haciendo cada vez más fácil y rápido. Al principio debes practicarlo sentado, pero más adelante, si lo deseas, podrás hacerlo de pie.

1 Siéntate cómodamente en una silla, con los pies planos y apoyados en el suelo. Si no llegas al suelo con los pies, ponte un cojín debajo. Si te resulta imposible apoyar los pies en el suelo, hazlo en tu imaginación.

2 Toma tres respiraciones profundas, soltando cualquier tensión que sientas con cada espiración; a continuación, respira con normalidad.

3 Imagina que crecen raíces de las plantas de tus pies hacia el suelo. Una cosa que ayuda a echar más raíces es imaginar que tienes unos pies enormes. Oye o ve que estas raíces penetran profundamente en la corteza terrestre, llegando hasta el centro del planeta. Percibe que están creciendo y multiplicándose, y al hacerlo están conectándote con la energía y la solidez de la tierra.

4 Ahora imagina que la energía de la tierra está subiendo por las raíces hacia tus pies, llenando todo tu cuerpo de luz blanca. Quizá te guste imaginar que la energía fluye hacia dentro con cada inspiración hasta tener todo el cuerpo inundado de luz.

Sincronicidad y coincidencia

¿Cuándo deja una coincidencia de ser ella misma? Cuando es un ejemplo de sincronicidad. Este es un concepto desarrollado por Carl Jung, el famoso psicoanalista suizo, y Wolfgang Pauli, un físico también suizo. Sincronicidad significa «una coincidencia en el tiempo», pero Jung usó esta palabra específicamente para describir «una teoría de la conexión acausal», que genera una relación significativa entre dos sucesos que ocurren al mismo tiempo.

LA BANDADA DE PÁJAROS

¿Cómo funciona la sincronicidad en la realidad? El clásico ejemplo que llevó a Jung a estudiar la sincronicidad estuvo relacionado con uno de sus pacientes. La esposa de este hombre había dicho a Jung que, cuando tanto su madre como su abuela murieron, se reunieron muchos pájaros fuera de la habitación en la que estaban muriendo. El paciente de Jung estaba enfermo de lo que Jung sospechaba que era una enfermedad coronaria, por lo que le envió a un especialista del corazón. En su camino de vuelta a casa, después de que el especialista le hubiera dicho que no le pasaba nada, el hombre cayó muerto en la calle. Cuando llevaron su cuerpo a su casa, fue recibido por su esposa, que ya sospechaba que a su marido le había ocurrido algo horrible, porque una bandada de pájaros se había reunido sobre su casa mientras él estaba fuera.

¿QUÉ NOS DICE ESTO?

Podrías argumentar que la bandada de pájaros es una mera coincidencia, pero lo cierto es que es una coincidencia notable, y sin duda tenía un significado especial para la esposa del paciente. También puedes argumentar que la bandada de pájaros podía haberse reunido en casa de la mujer en otras ocasiones que no coincidían con la muerte de un familiar. Pero esta no es la cuestión. El hecho es que los pájaros se congregaron durante las muertes de la madre, de la abuela y del marido, y la mujer creía que estos sucesos tenían un significado.

No hay unas reglas fijas que determinen cuándo se produce una sincronicidad. Es algo enteramente personal.

SINCRONICIDAD Y COINCIDENCIA

… # ¿Cuántos poderes psíquicos tengo?

Si estás leyendo este libro, probablemente te interesan los fenómenos psíquicos y quieres saber cómo introducir más experiencias psíquicas en tu vida. También podrías preguntarte cuántos poderes psíquicos tienes ya.

Responde a las preguntas siguientes tan honestamente como puedas, con un «sí» o con un «no». Incluso si sospechas que no tienes muy desarrolladas tus capacidades psíquicas, es posible que eso no sea verdad. Hay muchos casos de personas cuyos poderes se desarrollaron relativamente tarde, a menudo con resultados extraordinarios que cambiaron sus vidas.

Procura mantenerte abierto a la idea de que puedes desarrollar tus poderes psíquicos más allá de su nivel actual. Esto animará tu mente inconsciente a seleccionar más fenómenos psíquicos. Por otra parte, si te dices a ti mismo que no eres psíquico y nunca lo serás, reducirás drásticamente tus capacidades psíquicas.

☐ ¿Has tenido alguna vez una premonición que acabó ocurriendo exactamente como habías previsto?

☐ Cuando eras niño, ¿tenías compañeros que solo tú podías ver?

☐ ¿Has visto o sentido alguna vez un fantasma?

☐ ¿Te has sentido alguna vez incapaz de entrar en una habitación o en un edificio porque no podías soportar su ambiente desagradable?

☐ ¿Se ha hecho realidad alguno de tus sueños?

Experiencias pasadas

☐ ¿Has sentido alguna vez con razón que un ser querido estaba en peligro?

☐ ¿Has pensado alguna vez en alguien e inmediatamente has recibido una llamada telefónica de esa persona?

☐ ¿Has visto alguna vez luces difusas en torno a objetos animados o inanimados?

☐ ¿Has notado alguna vez olores intensos que podrían tener un significado especial para ti y que nadie más podía detectar?

☐ ¿Has tenido alguna vez una «experiencia cumbre» en la que sentiste que no había división entre tú y el mundo que te rodea?

☐ ¿Has decidido alguna vez no comprar algo porque no te gustaba lo que emanaba de ello?

☐ ¿Has tocado alguna vez un objeto y te has sentido inundado por sensaciones o emociones que no eran tuyas?

☐ ¿Te has sentido alguna vez deprimido o lacrimoso sin razón aparente, y poco después has oído hablar de una tragedia o desastre importante?

Experiencias presentes

☐ ¿Sabes a veces quién está al otro extremo del teléfono antes de descolgar?

☐ ¿Tienes una afinidad especial con los animales?

☐ ¿Sabes instintivamente, sin que te lo digan, cuándo alguien está enfermo?

☐ ¿Tienes una actitud negativa sobre las máquinas, por ejemplo los ordenadores, cuando estás enfadado o molesto?

☐ ¿Te dice la gente que eres demasiado sensible y que eres fácil de herir?

☐ ¿Crees en el poder de la mente sobre el cuerpo?

☐ ¿Sabes a veces lo que alguien va a decir antes de que abra la boca?

☐ ¿Sientes cosquilleo en las palmas de las manos cuando estás con enfermos?

☐ ¿Ves cosas por el rabillo del ojo que no están allí cuando vuelves a mirar?

☐ ¿Confías en tus corazonadas, especialmente a la hora de invertir dinero?

☐ Cuando esperas visitantes, ¿sueles sentir su llegada antes de poder verles u oírles?

☐ ¿Crees en los ángeles y en las hadas, aunque no los hayas visto nunca?

Cálculo sobre tu escala

Ahora cuenta el número de las respuestas positivas, y consulta la escala que viene a continuación.

25-19. Tienes grandes capacidades psíquicas que puedes desarrollar. Podría interesarte unirte a un círculo de desarrollo psíquico.

18-12. Es posible que seas mucho más psíquico de lo que crees. Permite que tus pensamientos e impresiones fluyan.

11-6. ¡Continúa haciendo un buen trabajo! Tus capacidades psíquicas innatas están esperando que las desarrolles más.

5-0. No desesperes. Es posible que estés bloqueando algunas de tus impresiones psíquicas por algún motivo, como el temor. Trata de abrir tu mente.

No esperes que tus capacidades psíquicas innatas se desarrollen de la noche a la mañana. Lleva su tiempo.

Explorar la mente

Cómo funciona la mente

La mente humana es un misterio. Muchos psicólogos eminentes lo han intentado, pero hasta el momento nadie lo ha conseguido explicar plenamente porque no tiene una ubicación física, y por tanto no puede ser examinada. La mente puede estar contenida en el cerebro, o puede estar localizada fuera del cuerpo: algunas personas dicen que en realidad la mente es el espíritu, y que no tiene una ubicación específica en el cuerpo humano. Cuando el cuerpo muere, la mente o espíritu parte, y solo deja atrás un cascarón de materia.

Los escáneres pueden revelar distintas áreas de actividad cerebral.

CEREBRO FRENTE A MENTE

Nuestros cerebros regulan nuestra conducta física y los complejos sistemas que tenemos dentro del cuerpo, incluyendo el sistema nervioso autónomo que controla nuestras funciones corporales inconscientes. Por otra parte, hasta donde sabemos, nuestra mente no hace ninguna de estas cosas. Podrías pensar en ella como la parte de nuestro cerebro que nos da nuestra personalidad individual, con toda una serie de idiosincrasias y peculiaridades. Probablemente son nuestras mentes, más que nuestros cerebros, las que generan las capacidades psíquicas, como la telepatía y la precognición.

EL PLANTEAMIENTO FREUDIANO

El funcionamiento de la mente ha fascinado a muchos grandes psiquiatras y psicoterapeutas, entre los que podemos incluir a Carl Jung y Sigmund Freud. Todos ellos desarrollaron sus propios sistemas para explicar el funcionamiento de la mente y lo que hace que seamos individuos singularmente humanos. Las ideas de Jung se ex-

Sigmund Freud dividió la mente humana en cinco compartimentos: el ego, el ello, el superego, el consciente y el subconsciente.

plican con mayor profundidad más adelante en esta sección (véanse páginas 46-49).

Para Freud, el fundador del psicoanálisis, nuestras personalidades humanas están influidas por nuestra mente inconsciente. El hecho mismo de que esta parte de nuestra mente sea inconsciente significa que no somos conscientes de ella ni de cómo nos afecta. Freud creyó que nuestras mentes inconscientes están particularmente influidas por nuestros conflictos ocultos, que surgen de los traumas de nuestras experiencias sexuales infantiles. Reprimimos nuestros recuerdos sexuales desagradables con la esperanza de que se vayan, pero desaparecen en el inconsciente, donde reaparecerán como conductas neuróticas. También reaparecen en nuestros sueños que, según Freud, pueden ser analizados para tratar y deshacer nuestras neurosis.

Los estados alterados de consciencia

Los cinco tramos de las ondas cerebrales

- **Las ondas delta** operan al ritmo más lento y se producen durante el sueño profundo.
- **Las ondas theta** se producen de manera natural durante el sueño. También están conectadas con la creatividad, la intuición y los estados de trance.
- **Las ondas alfa** dominan a primera hora de la mañana y cuando estamos relajados. Están conectadas con el proceso creativo.
- **Las ondas beta** se producen cuando estamos activos y ocupados. Dificultan el proceso creativo.
- **Las ondas gamma** son las más rápidas de todas y están asociadas con el pensamiento complejo.

A primera vista, podría parecer que tenemos dos estados de consciencia: la vigilia y el sueño. Pero, de hecho, nuestros cerebros son mucho más complicados que eso. Actualmente los científicos estan convencidos de que nuestra actividad cerebral puede dividirse en cinco tramos de ondas cerebrales: delta, theta, alfa, beta y gamma.

LAS TRADICIONES CHAMÁNICAS
Muchas culturas inducen deliberadamente las ondas cerebrales theta y alfa para en-

trar en estados alterados de consciencia. Los chamanes, por ejemplo, lo hacen mediante actividades rituales como tocar tambores, cantar y bailar. Entrar en un nivel de consciencia diferente les permite realizar curaciones y practicar la adivinación.

ONDAS CEREBRALES Y CREATIVIDAD

Somos más creativos cuando nuestros cerebros están en los estados alfa o theta. El café y otros estimulantes nos despiertan, pero alteran nuestras ondas cerebrales, porque somos mucho más creativos cuando estamos relajados. Existen casos notables en que los estados oníricos están vinculados con la creatividad. Cuando Elías Howe se esforzaba por inventar una aguja para su prototipo de una máquina de coser, soñó que un rey tribal le ordenaba crear una máquina de coser. Cuando dijo que no podía hacerlo, toda la tribu golpeó repetidamente el suelo con las lanzas. Howe se dio cuenta de que había un agujero en el extremo de cada lanza, y que dichas lanzas tenían el aspecto de agujas de coser y se movían como ellas. Este dato le permitió fabricar una máquina de coser eficiente.

Página izquierda: tocar rítmicamente los tambores es una buena manera de inducir el estado alfa.

Cuando queremos resolver un problema, a menudo decimos que «lo vamos a consultar con la almohada».

Abandonar el cuerpo

Normalmente solemos estar firmemente aferrados a nuestros cuerpos. Es posible que estemos tan acostumbrados a esta situación que ni siquiera pensemos en ella. Sin embargo, de vez en cuando puede ocurrir algo que nos haga abandonar nuestros cuerpos temporalmente.

EL CUERPO ASTRAL

Los seres humanos hemos creído en la existencia del cuerpo astral durante siglos. Se cree que es una réplica exacta del cuerpo físico, al que está unido por un cordón de plata. Generalmente los cuerpos astral y físico están perfectamente alineados, pero a veces (por diversas razones) pueden separarse. Cuando esto ocurre tenemos la sensación de abandonar nuestro cuerpo.

EXPERIENCIAS DE SALIDA DEL CUERPO

Estas experiencias de salida del cuerpo pueden ocurrir espontáneamente. Las personas que las han tenido dicen que estaban en su cuerpo en un momento y de repente se encuentran fuera de él. Pueden estar flotando por encima de su cuerpo y ser capaces de verse a sí mismas, o pueden estar en un entorno totalmente distinto y desconocido, como dando vueltas por el espacio. Cuando acaba la experiencia, la persona que la ha percibido tiene la sensación de volver a entrar en su cuerpo, a menudo a través de la cabeza. Y esto puede resultar fácil o difícil.

Se cree que, en las experiencias de salida del cuerpo, el cuerpo astral de la persona abandona temporalmente su cuerpo físico. Muy a menudo el sujeto describe que es capaz de ver el cordón de plata que vincula su cuerpo astral con el físico, y es consciente de que si este cordón se cortara, moriría.

A veces la persona tiene una de estas experiencias durante una operación quirúrgica, o estando enferma. En cualquier caso, tiene las mismas posibilidades de tenerla mientras está dormido, o antes de dormirse, y encontrándose perfectamente bien.

Se cree que las experiencias de salida del cuerpo son ejemplos de viajes astrales.

39

Muchas personas que han tenido experiencias cercanas a la muerte hablan de atravesar un túnel.

EXPERIENCIAS CERCANAS A LA MUERTE

No hay nada nuevo en las experiencias de cercanía a la muerte, de las que ya se habla en el *Libro tibetano de los muertos*, del siglo VIII a.C. Se están escribiendo libros y se están haciendo extensos estudios sobre estas experiencias, antes llamadas visiones del lecho mortuorio, para determinar si realmente existen. Lo verdaderamente sorprendente de ellas es que todas se adaptan aproximadamente al mismo patrón. Tal vez lo más notable de todo es que las personas que tienen estas experiencias cambian para siempre. Es posible que se vuelvan más compasivas o más sensibles; también pueden introducir cambios drásticos en sus vidas, o descubrir talentos ocultos.

Como su nombre indica, las experiencias cercanas a la muerte se producen cuando alguien está a punto de morir. La persona abandona espontáneamente su cuerpo, y al principio es consciente de todo lo que está ocurriendo a su alrededor. Flota hacia un túnel oscuro, en el que entra, y emerge por el otro lado a una luz brillante, donde le reciben personas amistosas, que pueden ser seres queridos ya fallecidos, extraños o figuras religiosas, como ángeles o el mismo Jesucristo. Luego, la persona revisa su vida, y evalúa lo que ha aprendido a lo largo de ella y lo que le queda por aprender. En este punto es cuando se le dice que debe volver a la tierra, y con algunas resistencias vuelve a entrar en su cuerpo.

Los escépticos afirman que las experiencias de cercanía a la muerte no son sino sensaciones que se experimentan mientras el cerebro muere, pero no pueden explicar por qué las personas que las han tenido suelen ser capaces de describir con todo detalle lo que ocurría a su alrededor. En algunos casos describen lo que han visto en lo alto de armarios de ropa o de cocina mientras flotaban hacia el techo, y los pacientes hospitalizados pueden relatar sucesos ocurridos en otras partes del edificio mientras tenían la experiencia cercana a la muerte.

PROYECCIÓN ASTRAL

Algunos afirman que son capaces de abandonar sus cuerpos a voluntad y de viajar en el plano astral. Pueden visitar otros lugares, o ver a personas que conocen mientras ellas siguen siendo invisibles, antes de volver a sus cuerpos. Este proceso es similar a la experiencia de salida del cuerpo. La proyección astral a veces se confunde con la proyección etérica, en la que el individuo abandona su cuerpo, pero puede ser visto con claridad por la persona a quien visita.

Conectar con los estados de consciencia

Mucho antes de que los científicos fueran capaces de registrar y medir las ondas cerebrales (véanse páginas 36-37), los humanos sabían entrar en distintos estados de consciencia. Lo hacían comiendo y bebiendo sustancias alucinógenas, como el cactus peyote, y también participando en rituales diseñados para expulsarles de su mundo habitual hacia planos más místicos o sobrenaturales. En cualquier caso, podemos entrar en estos estados de consciencia sin recurrir a las drogas. La meditación, el canto, el yoga y el ayuno son algunas maneras de hacerlo.

Cuando nuestros cerebros emiten ondas alfa nos sentimos relajados y creativos. Este estado se produce de manera natural a primera hora de la mañana, justo después de despertar, de modo que tiene sentido aprovecharlo reservando esta parte del día para la meditación o para alguna actividad creativa. En las sociedades monásticas, tanto de Occidente como de Oriente, los monjes y monjas se levantan temprano para pasar tiempo en oración y en meditación. Muchos escritores aprovechan la creatividad de sus estados alfa naturales levantándose temprano para trabajar.

Puedes meditar en el suelo con las piernas cruzadas o sentado en una silla si te resulta más cómodo.

INDUCIR EL ESTADO ALFA

Si quieres mejorar tus capacidades psíquicas, tal vez descubras que tu intuición funciona especialmente bien a primera hora de la mañana, cuando aún estás un poco somnoliento. No obstante, puedes inducirte un estado alfa en cualquier momento del día.

1 Cuando quieras generar un estado alfa, relaja el cuerpo todo lo posible y cierra los ojos.

2 Pon la punta de la lengua en contacto con la parte posterior de tus dientes incisivos superiores, en el punto donde se insertan en el borde óseo situado debajo del paladar blando. Mantén la lengua allí durante todo el rato que quieras estar en estado alfa. Experimenta haciendo esto mientras escribes algo creativo, o bien mientras meditas, ofreces sanación, practicas yoga o usas tus capacidades psíquicas.

MEDITACIÓN

La meditación realiza muchas funciones distintas. Es una excelente manera de relajarse, de tal modo que tiene un efecto beneficioso sobre nuestra salud, e incluso puede ayudar a reducir la presión sanguínea y la ansiedad en general. La meditación es un método excelente para limpiar la mente, para concentrarnos mejor y pensar con más claridad. También puede ayudar a incrementar nuestras capacidades psíquicas permitiéndonos contactar con los reinos espirituales.

Una de las bellezas de la meditación es que no necesitas ningún equipo especial. Puedes meditar sentándote con las piernas cruzadas en el suelo, sobre un cojín que sostenga la base de tu columna, o sentándote en una silla o banco Zen (en el que te apoyas mientras te arrodillas en el suelo). Lo importante es que te sientas cómodo, porque si te duele la espalda o se te duermen las piernas, no podrás centrarte en la meditación.

Este hombre está sentado en la postura del medio loto, que no es un prerrequisito imprescindible para meditar.

Distintos tipos de meditación

Existen muchas maneras distintas de meditar. Tal vez quieras experimentar hasta encontrar el método que mejor te encaje, o tal vez prefieras desarrollar una variedad de técnicas. Cuando los pensamientos no deseados te molesten, reconócelos sin dejarte atrapar por ellos y suéltalos. Quizá te ayude visualizar que dichos pensamientos son como nubes, e imaginar que, a medida que surgen, se alejan de ti. Al principio, debes intentar meditar durante unos 20 minutos dos veces por semana. Ve incrementando gradualmente el número de sesiones para tener tiempo de acostumbrarte a ellas. Aquí se te ofrecen algunas sugerencias para realizar distintas meditaciones.

- **Meditación enfocada en un objeto,** como la llama de una vela o un cristal de roca.
- **Meditación de visualización,** en la que imaginas que te vas de viaje o que te encuentras con un guía espiritual.
- **Meditación guiada,** en la que escuchas una cinta o CD que contiene una meditación.
- **Meditación trascendental,** en la que repites continuamente un mantra.
- **Meditación de escucha,** en la que mantienes los ojos abiertos y escuchas lo que está ocurriendo a tu alrededor. Su objetivo es mantenerte alerta y consciente de tu entorno.
- **Meditación budista,** en la que observas la inspiración y la espiración del aliento.

El legado de Carl Jung

El trabajo de Carl Jung ha ejercido una influencia formidable en el pensamiento occidental desde comienzos del siglo XX. Jung, nacido en Suiza en 1875, estudió psiquiatría.

Desde el comienzo de su carrera se sintió fascinado por lo oculto, y lo examinó y exploró de un modo que acabó llevándole a enfrentarse con su mentor, Sigmund Freud, quien consideraba el ocultismo como «una negra marea de lodo». Freud y Jung también acabaron teniendo distintas opiniones con respecto a la influencia de la represión sexual en nuestras personalidades (Jung estaba en desacuerdo con Freud con respecto a su importancia), y finalmente se dieron cuenta de que ya no podían trabajar juntos.

EL INCONSCIENTE COLECTIVO

Jung se sentía fascinado por los sueños y siempre prestaba atención a los suyos. A diferencia de Freud, que consideraba el inconsciente (o el subconsciente, como él prefería llamarlo) como un vertedero de todas las cosas de nuestro pasado que no nos gustan o en las que no pensamos, Jung vio el inconsciente como un rico depósito de ideas y símbolos de todas las culturas, y creía que puede hablarnos tanto del futuro como del pasado.

Concretó sus teorías sobre el inconsciente en 1909, después de haber tenido su famoso sueño en el que estaba en el primer piso de una vieja casa. La casa estaba bien amueblada, pero él reconocía que no sabía cómo era el piso de abajo, de modo que quiso mirar. Allí, todo era mucho más viejo y oscuro. Jung vio una trampilla en el suelo que le llevó hasta una cueva donde había piezas de cerámica rotas y huesos, entre los que se incluían dos viejas calaveras humanas.

Al analizar su sueño, Jung se dio cuenta de que la casa representaba la psique o la mente. La planta superior era su personalidad consciente. La planta baja era el primer nivel del inconsciente, lo que Jung llamaba el inconsciente personal. La cueva representaba la parte primitiva de la psique, a la que él llamaba «un mundo que apenas

A lo largo de su vida, Carl Jung se sintió fascinado por temas tales como la alquimia, la astrología, el folclore y la mitología.

puede ser alcanzado o iluminado por la consciencia». Le llamó el inconsciente colectivo, porque es común a todos los seres humanos.

JUNG Y EL OCULTISMO

Jung investigó muchas ramas de lo oculto. Estudió astrología y aprendió a leer cartas astrológicas; también se sintió fascinado por el *I Ching* (véanse páginas 200-207). Consideraba que tanto la astrología como el *I Ching* son importantes ejemplos de sincronicidad (véanse páginas 26-27). Quien introdujo a Jung al *I Ching* fue Richard Wilhelm, un conocido autor alemán que había escrito un libro sobre este tema. Cuando el libro fue traducido al inglés, Jung escribió la introducción.

Mandalas

La receptividad de Jung a las imágenes y símbolos de otras culturas hizo que sus investigaciones siguieran múltiples direcciones. Durante la Primera Guerra Mundial, siendo comandante en un campo de internos británicos, empezó a dibujar formas circulares, y rápidamente se dio cuenta de que eran mandalas («mandala», en sánscrito, significa círculo). Cada mandala representaba su estado psíquico en el día en que lo había dibujado, y descubrió que todo este proceso le ayudaba mucho. Le permitió juntar los hilos de su vida y encontrar dentro de ellos un punto de enfoque.

Los mandalas proceden de la antigüedad y se han encontrado en diversas culturas, incluyendo el sudoeste de Estados Unidos. Suelen ser circulares, pero a menudo contienen también alguna figura geométrica, como un cuadrado, una cruz o un triángulo.

Por ejemplo, un mandala puede estar dividido en cuadrantes que se reflejen mutuamente, decorados con dibujos armónicos. Jung creía que los mandalas tienen un poder extraordinario, porque son imágenes sagradas que representan la psique integrada: el objetivo que todos nos esforzamos por conseguir.

Durante el trabajo con mandalas puedes dibujar el tuyo, exactamente tal como hacía Jung, o puedes estudiar uno que ya haya sido creado. Muchas catedrales, como las de Chartres y Notre-Dame en Francia, contienen vidrieras circulares de vivos colores que son mandalas. En la cultura tibetana a menudo se crean preciosos y complicados mandalas con arenas de colores, se estudian durante un tiempo y después se deshacen, lo que prepara el terreno para que nuevas creaciones puedan ocupar su lugar.

Sueños

Todos soñamos. Soñar es una parte esencial de nuestra salud mental por motivos que la ciencia todavía está explorando. Si pasamos varios días sin dormir, corremos el riesgo de entrar en estados psicóticos, que pueden causar daños irreversibles en el cerebro. Después de una noche sin dormir empezamos a alucinar en estado de vigilia, o hacemos pequeñas siestas en las que tenemos sueños vívidos. Estas son las maneras que tienen nuestros cerebros de ponerse al día con el proceso esencial de soñar a fin de conservar nuestra salud. Cuando volvemos a dormir bien durante una noche, tenemos nuevamente una serie de sueños vívidos.

¿QUÉ SON LOS SUEÑOS?

Aunque podemos estar dormidos ocho horas seguidas, no soñamos durante todo ese tiempo. Más bien tenemos sesiones periódicas de sueño en las que experimentamos el movimiento ocular rápido (REM). Al final del sueño, volvemos al estado sin sueños antes de que comience el siguiente ciclo de REM.

Los sueños nos proporcionan comprensiones fascinantes sobre cómo funciona la mente inconsciente.

Nuestra edad determina la cantidad de tiempo que pasamos soñando. Los bebés son los que más sueñan, y se cree que las personas seniles son las que menos lo hacen. Los animales también sueñan.

EL MENSAJE DEL SUEÑO

Algunas personas creen que los sueños no son otra cosa que un vaciado de la información redundante de nuestros cerebros. Pero la psicoterapia da una enorme importancia a los sueños, pues cree que arrojan luz sobre nuestra mente inconsciente y, consecuentemente, tienen mensajes importantes para nosotros. Analizar nuestros sueños es una manera de entender nuestro inconsciente y de resolver los problemas que nos inquietan.

EL VIAJE ASTRAL

¿Nos quedamos en nuestros cuerpos mientras dormimos, o viajamos por los planos astrales? Muchas personas creen que ciertamente hacemos viajes astrales mientras dormimos, y esto explicaría los sueños vívidos que podemos tener, en los que nos encontramos con personas que han muerto o nos hallamos en entornos etéreos. Una experiencia relativamente común es soñar que se nos están dando informaciones importantes, y aunque no las recordemos al despertar, siguen estando almacenadas en nuestra mente inconsciente. También hay teorías de que cuando soñamos que volamos en el cielo como pájaros, una experiencia relativamente común, en realidad estamos haciendo un viaje astral.

SUEÑOS PRECOGNITIVOS

A veces los sueños tienen una manera aparentemente asombrosa de hacerse realidad. Se les llama sueños precognitivos, y se han anotado muchos ejemplos de ellos, incluyendo los registrados en los archivos creados originalmente por el doctor J. B. Rhine en Duke University, Carolina del Norte, en los años 30. Su hija, Sally Rhine Feather, aún sigue añadiendo sueños a la colección. Las personas que relatan sus sueños precognitivos generalmente describen de manera precisa cómo van a ocurrir en la realidad. Cuando el suceso ocurre, es posible que también se repitan pequeños detalles del sueño.

Parece que la mayoría de los sueños precognitivos están relacionados con incidentes desagradables, como contemplar el dolor de un ser querido o soñar que alguien va a morir. También podemos tener sueños precognitivos de experiencias agradables, pero tal vez no les prestemos tanta atención como la que prestamos a los sueños inquietantes, que tienen una mayor capacidad de grabarse en nuestra memoria. A veces un sueño puede tener poco sentido en el momento, y solo después nos damos cuenta de que fue una premonición.

Por ejemplo, muchas personas de todo el mundo tuvieron sueños extraños y alucinaciones en estado de vigilia en los que veían salir llamas y humo de unos edificios altos antes de los ataques perpetrados contra el World Trade Center y el Pentágono el 11 de septiembre de 2001. Después de que se produjeran estos ataques, la gente se dio cuenta del auténtico significado de sus sueños.

A veces los sueños precognitivos predicen sucesos que ocurren solo unas pocas horas o días después. En otros casos el suceso tarda años en ocurrir.

Muchas personas han relatado sus sueños precognitivos sobre la destrucción del World Trade Center. En el aniversario del ataque se le dedicó un tributo de luz.

Consigue más de tus sueños

Nuestros sueños pueden ser una rica fuente de información sobre lo que está ocurriendo en nuestras vidas. Reflejan nuestras ansiedades y problemas, y a veces nos proporcionan soluciones. También pueden darnos mensajes y guía, siempre que sepamos interpretarlos. Aprender de nuestros sueños es parte importante de nuestro desarrollo psíquico.

Anotar tus sueños entrenará a tu inconsciente a recordarlos detalladamente.

RECORDAR LOS SUEÑOS

Aunque todos soñamos, no todo el mundo recuerda sus experiencias. No obstante, esta es una situación que se puede remediar fácilmente con paciencia y un poco de práctica. Si tus sueños son elusivos, puedes entrenarte para recordarlos en detalle. La mejor manera de hacerlo es llevar un diario de sueños en el que anotarlos cada mañana. Al principio es posible que no ano-

Capturar tus sueños

Si tus sueños son difíciles de atrapar, aquí te ofrecemos algunas claves para aumentar tus probabilidades de recordarlos:

- Ten un cuaderno o tu diario de sueños, además de un bolígrafo o lápiz, cerca de la cama, de modo que puedas acceder fácilmente a él.
- Asegúrate de poder llegar con facilidad al interruptor de la luz, para poder ver lo que estás escribiendo si quieres anotar un sueño en medio de la noche.
- Cuando despiertes del sueño, no te muevas ni hables. Quédate en la misma posición que tenías cuando estabas dormido. Repasa mentalmente tu sueño y anótalo inmediatamente. Si no lo anotas poco después de despertar, el sueño se te escapará.
- A veces un sueño se disipa rápidamente después de despertar y aparentemente se va para siempre. Sin embargo, puede volver a ti durante el día, en cuyo caso deberías anotarlo de inmediato antes de que vuelva a desaparecer. Alternativamente, podrías recordarlo mientras te vas a dormir por la noche; en este caso, una vez más, deberías anotarlo de inmediato. Esto indica a tu inconsciente que recuerde los sueños.

tes más que un recuerdo poco claro de una emoción o de una sensación física particular, pero el mismo acto de anotar tus sueños te ayudará a recordarlos con mayor detalle. Pronto serás capaz de recordar cada sueño con gran claridad, a veces hasta el punto de recordar tres o cuatro sueños cada noche.

SUEÑOS LÚCIDOS

Un sueño lúcido es un sueño ordinario pero con un aspecto que es diferente: el durmiente es consciente de estar soñando y puede cambiar conscientemente el curso del sueño. Esto puede ser de gran ayuda para alguien que tenga una pesadilla repetida, porque será capaz de entrenar gradualmente su cerebro para cambiar el resultado del sueño, y así cambiar su cualidad de pesadilla. Los sueños lúcidos tienen el beneficio añadido de capacitar al soñador para que confronte lo que le atemoriza en el sueño, y al hacerlo podrá controlar y perder sus temores.

Los sueños lúcidos han sido objeto de intensas investigaciones desde hace tiempo. Uno de los pioneros del sueño lúcido fue el Marqués d'Hervey de Saint-Denis en el siglo XIX. Más recientemente, los sueños lúcidos han sido investigados detenidamente por Stephen LaBerge y Lynne Levitan, entre otros, del Institute Lucidity, con base en California. Esta institución fue fundada en 1987 por el doctor LaBerge y organiza talleres sobre el sueño lúcido.

Tal como podemos entrenarnos para recordar nuestros sueños normales, también podemos entrenarnos para soñar lúcidamente. La técnica más importante consiste simplemente en creer que puedes experimentar el sueño lúcido. Si crees inconscientemente que esto está más allá de tus posibilidades, así será. Un factor que ayuda es reconocer lo que a menudo se denominan «signos oníricos»: experiencias dentro del sueño que informan al soñante de que está dormido. Pueden ser cualquier cosa, desde darse cuenta de que está en un cuerpo extraño, hasta saber que está viviendo o haciendo algo que sería imposible en la vida de vigilia.

Algunas personas dicen que tienen más sueños lúcidos durante una breve siesta que durante una noche de sueño. Puede tratarse de siestas a primera hora de la tarde, pero parece que la manera más productiva de inducir el sueño lúcido es despertar por la mañana unos 90 minutos antes de lo normal, mantenerse despierto 90 minutos y después volver a dormir.

Se cree que hay más probabilidades de tener sueños lúcidos por la mañana.

Energía sutil

El sistema de energías sutiles del cuerpo

A primera vista, parece que nosotros, los humanos, somos únicamente nuestro cuerpo físico. Tenemos piel, huesos, músculos, órganos y muchos otros tejidos, y todos nos permiten funcionar y conservar la salud. Generalmente es lo único que vemos, y por tanto creemos que es todo lo que hay.

Sin embargo, en cada uno de nosotros hay mucho más que eso. Además de nuestro cuerpo físico, tenemos un sistema de energías sutiles con sietes capas de profundidad. El sistema de energías sutiles rodea e interpenetra nuestro cuerpo, recibiendo el nombre de aura (véanse también las páginas 82-83). Esta envoltura de energía sutil con forma de huevo es una extensión de nuestro cuerpo físico, aunque la mayoría de nosotros no podemos verla, y por tanto no somos conscientes de ella. Se extiende por encima de nuestra cabeza, por debajo de nuestros pies, y más allá de nuestra espalda y de nuestro pecho. La necesitamos para conservar la salud, del mismo modo que necesitamos nuestro cuerpo físico.

El sistema de energías sutiles del cuerpo está compuesto por un campo electromagnético, que es el que nos permite hacer contacto con el plano psíquico. Aunque la mayoría nos somos conscientes de ello, nuestros sistemas de energía sutil están en constante interconexión, transmitiendo y recibiendo complejos mensajes.

EL AURA A LO LARGO DE LA HISTORIA

Aunque las auras suelen asociarse con las enseñanzas Nueva Era, la humanidad las ha conocido desde hace siglos, tanto en Oriente como en Occidente. Los artistas que trabajaban en la Europa medieval, como Fra Angélico, Giusto de' Menabuoi y Giotto, pintaron escenas religiosas en las que tanto humanos como animales estaban rodeados por las auras más brillantes y hermosas. Generalmente estas auras se limitaban a la cabeza de la persona, aunque en realidad rodean la totalidad del cuerpo.

Incluso en la Edad Media europea no había nada nuevo en el hecho de que la gente tuviera conocimiento del aura. Hace más de 5.000 años, las enseñanzas místicas de India hablaban del *prana*, al que se consi-

Este cuadro de Fra Angélico muestra claramente unos halos muy hermosos y decorativos.

deraba la fuerza de vida universal que fluye a través de todo. Igualmente, las enseñanzas chinas del mismo periodo hablaron del *chi*, nombre que los chinos daban a esta energía que impregna todas las personas y cosas. Muchas culturas y religiones creen en la existencia de esta energía universal.

LA FOTOGRAFÍA KIRLIAN

Una cosa es creer en auras y otra cosa es verlas. Durante el siglo XX varios científicos han desarrollado mecanismos que les permiten registrar y monitorizar el aura humana. Uno de los más celebrados fue el profesor Semyon Kirlian, un científico ruso cuyo trabajo pionero sigue vigente en nuestros días. La fotografía Kirlian capta el aura de la persona en película, produciendo una imagen fascinante de las llamadas de luz y energía que irradian de ella.

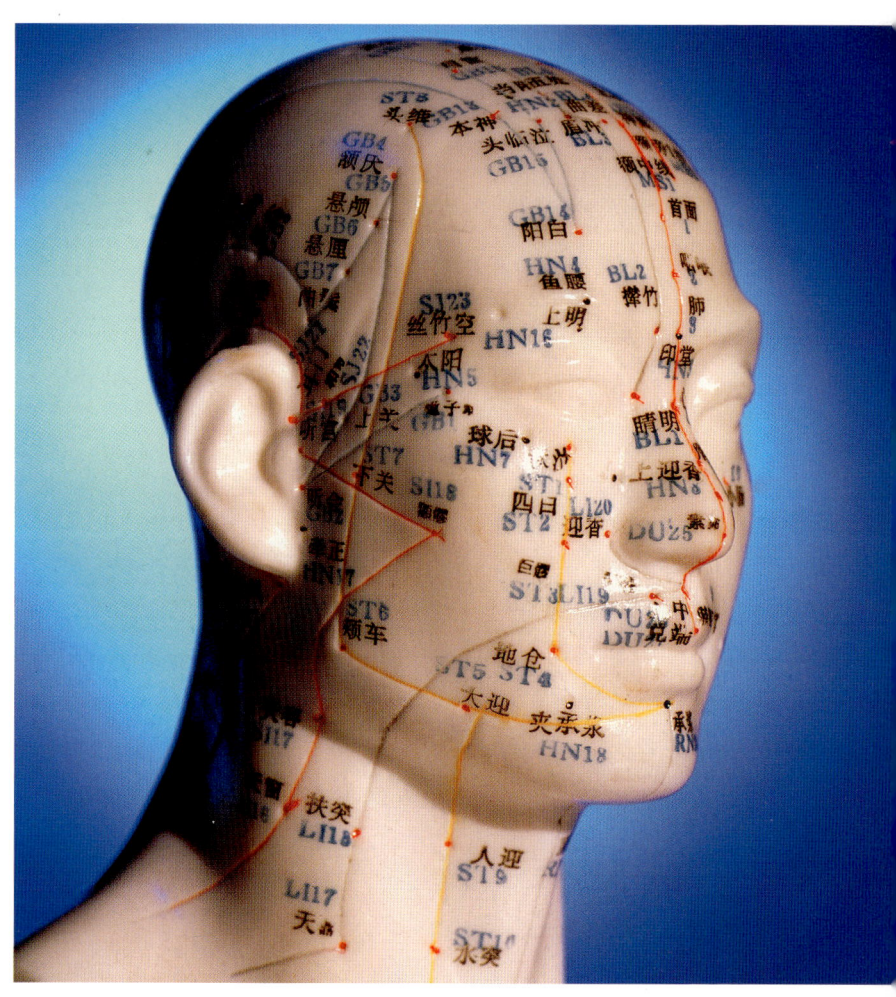

Los meridianos

En la medicina china los terapeutas creen que el *chi* (o la fuerza de vida) fluye a través de unos estrechos canales corporales llamados meridianos, que proveen nutrición y apoyo a los órganos del cuerpo. Los meridianos son esenciales en las prácticas de acupuntura, en las que se insertan unas agujas quirúrgicas muy finas en puntos especiales del cuerpo para aliviar el dolor y curar problemas de salud.

Aunque la medicina china se estructura sobre el concepto de los meridianos tanto en los humanos como en los animales, a la medicina occidental aún le cuesta aceptar esta idea. Sin embargo, la investigación occidental acabará descubriendo que los puntos de acupuntura contienen más nervios y vasos sanguíneos que los demás tejidos que les rodean.

Ansiosos por descubrir si los meridianos existen realmente, los científicos han experimentado inyectando rastreadores radiactivos en los puntos de acupuntura de seres humanos y de animales. El primer científico que hizo esto fue el investigador coreano doctor Kim Bong Han. Inyectó rastreadores radiactivos en los puntos de acupuntura de conejos, revelando unos tubos muy pequeños que discurrían bajo la piel y recorrían los órganos de los animales. Los meridianos eran idénticos a los mostrados por las antiguas ilustraciones chinas de los meridianos de los conejos. Dos décadas después, unos investigadores franceses realizaron el mismo experimento, pero en esta ocasión con seres humanos. Como en el caso de los conejos, los trazos y formaciones de los meridianos de los sujetos humanos eran exactamente iguales a los que aparecían en los antiguos diagramas de la acupuntura china.

Los chakras

El sistema energético de nuestros cuerpos es mucho más complejo de lo que cabría imaginar. Además de las siete capas del aura de cada persona, también hay siete chakras, o centros de energía principales, que discurren siguiendo una línea vertical por el centro del cuerpo, desde la base del tronco hasta la coronilla de la cabeza. Al principio, este puede ser un concepto difícil de entender, especialmente porque los chakras no se manifiestan físicamente. Sin embargo, existen a nivel energético, permitiendo que el cuerpo se regule a sí mismo y opere eficientemente. También hay 21 chakras menores, que se encuentran principalmente en el tronco, pero también en las manos (estos son particularmente importantes cuando se practican técnicas curativas), en la cabeza, en las rodillas y en los pies. Y también hay varios chakras más elevados (páginas 80-81), y aún más por descubrir.

Chakra es una palabra sánscrita que significa rueda, porque los clarividentes ven los chakras como ruedas de energía que giran. Cuando un chakra gira perfectamente, sin obstrucciones, distorsiones ni pereza, está

Chakra coronario

Chakra del entrecejo

Chakra de la garganta

Chakra del corazón

Chakra plexo solar

Chakra sacro

Chakra básico

Los siete chakras principales discurren por la línea media del cuerpo.

funcionando bien, y no causará ningún problema físico, emocional o mental. Sin embargo, estos problemas empezarán a manifestarse si por algún motivo el chakra deja de girar con suavidad. Puedes pensar en él como en una batería que se va descargando: todas las cosas controladas por la batería también empezarán a ir más despacio.

¿QUÉ SON LOS CHAKRAS?

El aura está compuesta por una red de finas líneas, y cada una de ellas recibe el nombre de *nadi*. Los chakras son los puntos de intersección donde se juntan muchas de estas líneas de energía. Los siete chakras mayores están situados en los siete puntos donde convergen un mayor número de líneas. Cada uno de los chakras principales está asociado con partes específicas del cuerpo, con una época del desarrollo físico y con un color. Los chakras menores están situados en 21 puntos, donde se juntan un número menor de líneas. Se ha descubierto que estos chakras coinciden con zonas del cuerpo ricas en terminaciones nerviosas.

¿QUÉ HACEN LOS CHAKRAS?

Cada chakra regula una zona específica del cuerpo, así como las emociones, la perspectiva mental y el propósito espiritual conectados con dicha parte del cuerpo. Por ejemplo, si alguien dice que tiene «el corazón roto» por una relación amorosa, el que necesita atención es el chakra corazón. Los chakras también nos permiten usar nuestros dones psíquicos para conectar unos con otros a ese nivel. Por ejemplo, cuando ejecutan tratamientos, los sanadores usan los chakras de su corazón, manos y plexo solar.

En esta posición, las manos de la mujer están dando energía a su chakra sacro.

El chakra básico

Se le llama el primer chakra, y está situado en la base del tronco, en el perineo (el espacio entre los genitales y el ano). Como cabría esperar, este chakra básico o raíz tiene una naturaleza muy física y terrenal. De hecho, es el más denso de los siete chakras y vibra con la vibración más lenta porque tiene una conexión muy fuerte con el cuerpo físico.

FUNCIONES DE ESTE CHAKRA

Una de las funciones más importantes del chakra básico es conectar con la tierra y estabilizar. Sin esta conexión esencial con la tierra, la persona se sentirá desconectada de su entorno y emocionalmente perdida. Probablemente tendrá problemas económicos, porque no forma parte del mundo material que la rodea. (Igualmente, la persona con un chakra básico muy dominante suele ser profundamente materialista, abiertamente sexual, muy terrenal y carente de imaginación y creatividad.)

Otra función esencial de este chakra es enviar energía hacia arriba por la línea de

El chakra básico o muladhara gobierna nuestra capacidad de estar asentados en la realidad.

los chakras. Por tanto, si el chakra básico no funciona adecuadamente o si está bloqueado o subdesarrollado, el chakra sacro, que es su vecino más cercano, tampoco funcionará bien, porque no recibirá suficiente energía.

El chakra básico está conectado con la supervivencia física y se activa mucho cuando la persona afronta algún peligro. Si este chakra no funciona adecuadamente, la persona puede verse acosada por temores con respecto a su supervivencia física. También le podría resultar difícil cuidar de sí misma, tanto física como emocionalmente, en especial si no consiguió vincularse plenamente con su madre cuando era bebé. El proceso de alimentarse a uno mismo está conectado con este chakra.

El chakra básico, de un vistazo

Localización en el cuerpo	El perineo
Áreas del cuerpo a las que afecta este chakra	Huesos, músculos, dientes, piel, base de la columna, tuétano de los huesos, riñones, recto e intestinos, piernas y pies
Sistema glandular	Adrenales
Edad en la que se desarrolla	Entre el nacimiento y los 5 años
Color	Rojo

El chakra sacro

Ascendiendo por el cuerpo desde el primer chakra o básico llegamos al segundo, conocido como chakra sacro. Su situación exacta es dos dedos por debajo del ombligo. No vibra tan lentamente como el básico, pero es uno de los tres chakras asociados con estar físicamente en el propio cuerpo (los otros dos son el básico y el plexo solar).

FUNCIONES DE ESTE CHAKRA

El chakra sacro está predominantemente conectado con nuestra creatividad en todas sus formas. Gobierna nuestra capacidad de reproducirnos, por lo que está íntimamente relacionado con la concepción y el nacimiento, y con nuestra capacidad de crear con la imaginación. La creatividad tiene muchos rostros, y cualquier forma de expresión creativa, como escribir o pintar, está gobernada por el chakra sacro junto con el chakra de la garganta (véanse páginas 74-75).

Los bloqueos de este chakra se manifiestan físicamente como problemas reproductivos, tales como dificultades con la mens-

El chakra sacro o svadishthara gobierna todas las formas de creatividad.

truación o incapacidad de concebir. También pueden manifestarse en los problemas sexuales, como la frigidez o la adicción al sexo. Asimismo, las dolencias de la vejiga y de los riñones están causadas por un mal funcionamiento del chakra sacro. Muy a menudo estas dificultades suelen ir acompañadas por una debilidad del chakra de la garganta.

Otro factor conectado con este chakra es nuestra actitud hacia el cambio y el movimiento, sea físico o metafórico. Un chakra sacro bloqueado o débil puede producir una rígida resistencia al cambio, un deseo de apegarse a toda costa al statu quo. También puede producir la correspondiente falta de flexibilidad en el cuerpo, como rigidez en la espalda y en las caderas.

El chakra sacro, de un vistazo

Localización en el cuerpo	Debajo del ombligo
Áreas del cuerpo a las que afecta este chakra	Sistemas urinario y reproductivo, parte baja de la espalda
Sistema glandular	Gónadas
Edad en la que se desarrolla	Entre los 3 y los 8 años de edad
Color	Naranja

El chakra plexo solar

Este es el tercero de los chakras, y el último que está totalmente conectado con nuestro cuerpo físico. Vibra a un velocidad superior a las de los dos inferiores. Lo encontrarás en la parte superior de tu abdomen, debajo del esternón.

Muchos de nosotros somos conscientes de nuestro chakra plexo solar, aunque no sepamos cómo se llama, porque reacciona enérgicamente a los estímulos emocionales. Ahí es donde registramos y almacenamos las emociones: por ejemplo, podemos sentir mariposas en el estómago cuando estamos nerviosos, o podemos sentir que nuestro estómago da un salto mortal cuando sufrimos una conmoción.

FUNCIONES DE ESTE CHAKRA

Este chakra está asociado con nuestra voluntad, motivación e impulso. Aquí es donde somos conscientes de nuestro poder (o de la ausencia de él), y donde nos sentimos libres de ser nosotros mismos, o sentimos que nuestra individualidad está bloqueada por

El chakra plexo solar o manipura *es donde contenemos nuestras emociones.*

algún motivo. El chakra plexo solar determina si vamos a poder hacer frente a quienes tratan de dominarnos, si nos hundimos y dejamos que nos pisoteen, o si somos nosotros los que abusamos de nuestro poder. Un plexo solar que no funcione bien puede hacer que nos sintamos inseguros e incapaces de afrontar los retos de la vida. Podríamos limitarnos a ir tirando, dejando que otros tomen decisiones por nosotros y tomando muy pocas veces la iniciativa. Como el chakra plexo solar almacena nuestras emociones, puede cobijar muchas emociones difíciles que podrían acabar enfermándonos si no nos libramos de ellas. Aquí podemos tener almacenados sentimientos de amargura, resentimiento, indisposición, arrogancia o furia, y pueden acabar producinedo dolencias físicas en las zonas del cuerpo regidas por este chakra.

El chakra plexo solar, de un vistazo

Localización en el cuerpo	Debajo del esternón
Áreas del cuerpo a las que afecta este chakra	Estómago, hígado, vesícula biliar
Sistema glandular	Páncreas
Edad en la que se desarrolla	Entre los 8 y los 12 años de edad
Color	Amarillo

El chakra corazón

Este es el chakra situado en el medio de nuestro cuerpo, y por tanto nos proporciona un vínculo esencial entre nuestras cualidades humanas (regidas por los chakras básico, sacro y plexo solar), y nuestras cualidades divinas (regidas por los chakras garganta, entrecejo y coronario). El chakra corazón está situado en el centro del pecho, ligeramente a la derecha del corazón físico. Tiene dos colores, rosa y verde, siendo el verde el color predominante.

FUNCIONES DE ESTE CHAKRA

El chakra corazón gobierna nuestra capacidad de amar a los demás de la manera más pura y compasiva posible. Es el chakra del amor incondicional, y del amor dirigido a la totalidad del universo, en lugar de a una persona particular. Solemos decir que alguien «dice o hace las cosas de corazón», y, cuando es así, esa persona está funcionando a través de su chakra corazón.

Cuando el chakra del corazón funciona bien, la persona es cálida, compasiva y empática. Puede sentir cierta atracción por las artes curativas o por algún otro tipo de ser-

El chakra corazón o anahata *es el punto desde el cual enviamos amor incondicional.*

vicio a la humanidad. Cada uno de los chakras tiene que poder abrirse y cerrarse de acuerdo con las circunstancias, y si el chakra corazón está abierto permanentemente, conducirá al agotamiento emocional, porque la persona es incapaz de cerrar sus emociones y está permanentemente «disponible» para los demás. Por el contrario, si el chakra corazón no se abre adecuadamente, la persona tendrá dificultades para perdonar a los demás y ofrecerles amor incondicional. Tal vez retenga su afecto como resultado de la pena o la amargura. Los bloqueos y otros problemas con el chakra corazón pueden producir dificultades respiratorias, como asma y enfisema, mala circulación y alteraciones cardíacas.

El chakra corazón, de un vistazo

Localización en el cuerpo	Centro del pecho
Áreas del cuerpo a las que afecta este chakra	Corazón, pulmones, sistema inmunitario, sistema circulatorio, nervio vago
Sistema glandular	Timo
Edad en la que se desarrolla	Entre los 12 y los 16 años de edad
Color	Verde y rosa

El chakra garganta

Como podrías imaginar a partir de su nombre, el chakra garganta rige la comunicación y la autoexpresión en todas sus formas. Esto significa que gobierna nuestra capacidad, o nuestra falta de capacidad, de decir lo que realmente pensamos y de ser verdaderamente honestos, tanto con nosotros mismos como con los demás. Este chakra se desarrolla hacia el final de la adolescencia, que suele ser una época de autodescubrimiento en la que estamos aprendiendo a separarnos de nuestros padres y a desarrollar nuestras propias ideas con respecto a la vida.

FUNCIONES DE ESTE CHAKRA

Si no podemos comunicarnos con los demás, sentimos que hay algo muy importante que está ausente de nuestras vidas. Puede haber muchas razones emocionales que expliquen esta incapacidad de expresarnos, como la preocupación de que se nos vaya a criticar si decimos lo que pensamos, o que nuestras ideas no estarán a la altura de las de otra gente y serán ridiculizadas. También

El chakra garganta o vishuddha gobierna la capacidad de comunicar nuestros pensamientos.

podríamos creer que nuestras palabras tienen tanto poder que si realmente decimos lo que pensamos, destruiremos a otros. Es posible que hayamos crecido en una familia en la que existía el acuerdo tácito de no expresar las cosas directamente para no ofender, y donde se recurría a eufemismos en lugar de decir las cosas abiertamente. El chakra garganta está implicado en todas estas situaciones y en muchas otras. Alternativamente, un chakra garganta excesivamente desarrollado puede producir un parloteo incesante en el que no se diga nada importante. En este caso, la persona está tratando de tapar el silencio con palabras, quizá porque tenga miedo de lo que podría ocurrir si se permitiera pensar. Los problemas físicos conectados con un mal funcionamiento del chakra garganta pueden incluir dolores de garganta, ronquera, y una glándula tiroides sobre o subactivada.

El chakra garganta, de un vistazo

Localización en el cuerpo	Cuello
Áreas del cuerpo a las que afecta este chakra	Laringe
Sistema glandular	Tiroides y paratiroides
Edad en la que se desarrolla	Entre los 16 y los 21 años de edad
Color	Azul claro o medio

El chakra entrecejo

El tercer ojo, que es el otro nombre de este chakra, está situado en el espacio entre los ojos. El chakra entrecejo es nuestro ojo interno, el que nos da la visión interna que nos permite sintonizar con la intuición y conectar con nuestros guías espirituales. Este es el chakra que se abre durante las meditaciones creativas y guiadas, ofreciéndonos vislumbres de otros mundos y de otros niveles de la existencia. Junto con los chakras garganta y coronario, el entrecejo es uno de los tres centros que nos vincula con lo Divino y con la vida espiritual.

FUNCIONES DE ESTE CHAKRA

El chakra entrecejo rige la visión en todas sus formas, sea física, intuitiva, psíquica o creativa. Cuando tiene dificultades en su funcionamiento pueden producir incapacidad de conectar con nuestra intuición, de modo que nos sintamos desconectados de nuestra guía interna. Podríamos no hacer caso de nuestras ideas imaginativas por considerarlas alocadas o que no merecen la

El chakra entrecejo o ajna *regula la intuición y la sabiduría interna.*

pena, o incluso borrarlas en cuanto aparecen en nuestra mente por estar convencidos de su falta de valor. Esto significa que también nos cuesta establecer contacto con nuestros ángeles guardianes, y por tanto estamos desconectados de una fuente importante de guía y de amor. El mal funcionamiento de este chakra también puede tener un impacto físico, como problemas de visión, tensión ocular frecuente, dolores de cabeza o migrañas.

Otra dificultad causada por la debilidad del chakra entrecejo es que la persona se refugia en la lógica y en la racionalidad, hasta el punto de que cualquier cosa que no entre en estas categorías se considera alocada o sin sentido. Cuando este chakra está excesivamente desarrollado, a la persona le puede resultar difícil conectar con la vida cotidiana, porque metafóricamente tiene la cabeza en las nubes.

El chakra entrecejo, de un vistazo

Localización en el cuerpo	Entre los ojos
Áreas del cuerpo a las que afecta este chakra	Cerebro inferior, visión, sistema nervioso, oído, nariz y garganta
Sistema glandular	Pineal
Edad en la que se desarrolla	Entre los 21 y los 26 años de edad
Color	Índigo profundo y púrpura

El chakra coronario

El chakra coronario está situado en lo alto de la cabeza y es muy sensible. Aunque te cueste sentir los demás chakras, es muy probable que sientas este. Si alguien se acerca mucho a él, podrías sentir un cosquilleo en el cuero cabelludo o cierta opresión en la cabeza. Este es el séptimo chakra del sistema, y es el que nos vincula directamente con lo Divino, como quiera que lo percibamos.

FUNCIONES DE ESTE CHAKRA

El chakra coronario es una puerta directa a los reinos superiores, tanto si en ellos están nuestros compañeros del alma desencarnados (véanse páginas 282-313), nuestros espíritus guía o Dios. Cuando practicamos la sanación o la canalización, conectamos conscientemente con lo Divino a través de este chakra. Lo mismo ocurre inconscientemente durante la oración. Sin embargo, cuando esta conexión con lo Divino es débil o inexistente, nos sentimos abrumados por el pensamiento de que Dios

El chakra coronario o sahasrara nos permite vincularnos con lo Divino.

nos ha abandonado, o incluso de que no existe.

El chakra coronario afecta a la salud del cerebro, y cuando funciona con dificultades o está cerrado, la persona puede experimentar brotes de depresión y desesperación. También podrían producirse desórdenes neurológicos en el cerebro, como epilepsia o alguna otra enfermedad mental.

Así como el chakra básico (véanse páginas 66-67) está conectado con la madre, el chakra coronario está conectado con el padre. Una relación difícil con el padre, que podría estar ausente o ser muy controlador, puede hacer que este chakra se cierre. Si el chakra coronario no funciona bien, también se pueden producir problemas para aceptar y obedecer la autoridad de otros.

El chakra coronario, de un vistazo

Localización en el cuerpo	En lo alto de la cabeza
Áreas del cuerpo a las que afecta este chakra	Cerebro superior
Sistema glandular	Pituitaria
Edad en la que se desarrolla	Después de los 26 años de edad
Color	Violeta y blanco

Los chakras superiores

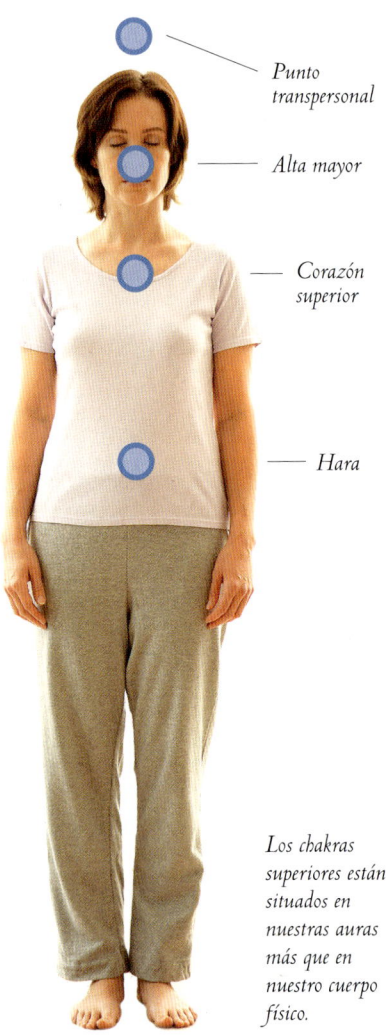

Punto transpersonal

Alta mayor

Corazón superior

Hara

Los chakras superiores están situados en nuestras auras más que en nuestro cuerpo físico.

Además de los siete chakras que están situados en el mismo cuerpo humano, actualmente se considera la existencia de algunos otros chakras, aunque su número exacto aún no se ha determinado inequívocamente. Esto se debe a que aún están siendo descubiertos, y en algunos casos todavía existe cierta confusión con respecto a su localización en el aura humana. Sin embargo, esto no reduce de ninguna manera el poder de estos chakras, ni la integridad de las personas que trabajan con ellos. Se les conoce como los «chakras superiores», porque se relacionan con nuestro propósito superior y con nuestro yo superior. A veces se les denomina los chakras Nueva Era, para distinguirlos del sistema tradicional de siete chakras.

Verás que en algunas ocasiones a los chakras corazón, garganta, entrecejo y coronario se les denomina «chakras superiores» debido a su ubicación física en el aura. No obstante, en este caso, el término hace referencia a los nuevos chakras que se describen en estas páginas.

EL PUNTO TRANSPERSONAL

Este chakra está situado por encima de nuestras cabezas, de modo que forma parte del aura (véanse páginas 82-83), y aparentemente no tiene ninguna conexión con nuestro cuerpo físico. Se cree que es el vínculo entre nuestro ego (o mente consciente) y nuestro yo superior, y cuando conectamos con él, somos capaces de ver nuestra vida desde una perspectiva más objetiva y desapasionada.

Por ejemplo, este es el punto que nos permite vislumbrar las lecciones del alma que podemos aprender en las situaciones difíciles que a veces se nos presentan. La activación de este chakra a través de la meditación nos da una mejor visión general de nuestras vidas y del propósito de nuestra actual encarnación.

EL HARA

Aunque la ubicación de este chakra cerca del ombligo pudiera sugerir que penetra en el cuerpo físico del mismo modo que los siete chakras mayores, de hecho solo existe en el aura.

Se trata de un vórtice de energía localizado en el aura, entre los chakras sacro y plexo solar. Aunque todos tenemos un hara, no siempre está activo.

Los sanadores que trabajan con él experimentan una poderosa energía curativa que suele ser más intensa que cuando trabajan con el chakra corazón.

EL ALTA MAYOR

Este chakra está situado en la parte posterior de la cabeza, cerca de la nuca, y está conectado con el córtex del cerebro más antiguo. Encontrarás el alta mayor en torno a la nariz, en la parte anterior del rostro. Este centro nos ayuda a conectar con nuestros instintos e intuición, de modo que es importante activarlo si deseas practicar el trabajo psíquico.

EL CHAKRA CORAZÓN SUPERIOR

El chakra corazón superior está situado en el aura, entre los chakras corazón y garganta, y también se le conoce como «el asiento del alma» y el chakra «tímico». El corazón superior nos ayuda a activar la consciencia superior, y también regula nuestras intenciones. Estas pasan del chakra corazón, a través del corazón superior, al chakra garganta, donde se convierten en acción. El chakra corazón superior puede quedarse bloqueado por la acumulación de emociones.

El aura

El aura es la envoltura de energía sutil que rodea a cada ser viviente y cada objeto inanimado del planeta. Como humanos, literalmente no podemos existir sin nuestras auras, porque son una extensión energética de nuestros cuerpos. Las auras son campos energéticos que contienen una enorme cantidad de información sobre nosotros. Están compuestas por energía electromagnética muy fina, que los clarividentes ven con facilidad. En cualquier caso, todos podemos entrenarnos para ver auras, como descubrirás en una sección posterior (véanse páginas 84-85).

LAS CAPAS DEL AURA

Cuando aprendas a ver tu aura, probablemente solo distinguirás una pequeña capa de energía azul situada al lado de tu cuerpo. No obstante, en tu aura hay mucho más que eso. Existe cierto debate con respecto al número de capas que hay dentro del aura humana, pero el acuerdo general es que hay siete. Cada capa tiene una energía más refinada, y vibra a una frecuencia superior, que la anterior.

Por consiguiente, la capa más densa del aura, llamada cuerpo etérico, es la situada más cerca de tu cuerpo, mientras que la más fina, llamada la plantilla ketérica, es la más alejada de tu cuerpo. Aunque parece que las capas están separadas unas de otras, cada una de ellas interpenetra a las que están debajo.

SINTONIZAR CON TU AURA

Tu aura tiene un campo electromagnético, y puedes entrenarte para sensibilizarte con él, y por tanto, para tomar conciencia de cuándo alguien o algo lo penetra. Esto es esencial para el trabajo psíquico, en el que sintonizas constantemente con tu aura para obtener impresiones y sensaciones de lo que está ocurriendo a tu alrededor.

Aunque podrías pensar que tu cuerpo físico influye en tu aura, de hecho es al contrario. Los clarividentes que han observado fetos humanos desarrollándose en los úteros de sus madres han descrito que las capas del aura se forman primero, creando así la plantilla que después copian las células físicas. Asimismo, cualquier dolencia o enfermedad que contraemos se desarrolla primero en el aura en forma de bloqueos de nuestra energía mental o emocional. Si no somos capaces de llegar a movilizar dichos bloqueos consciente o inconscientemente, con total seguridad acaban afectando a nuestro cuerpo físico.

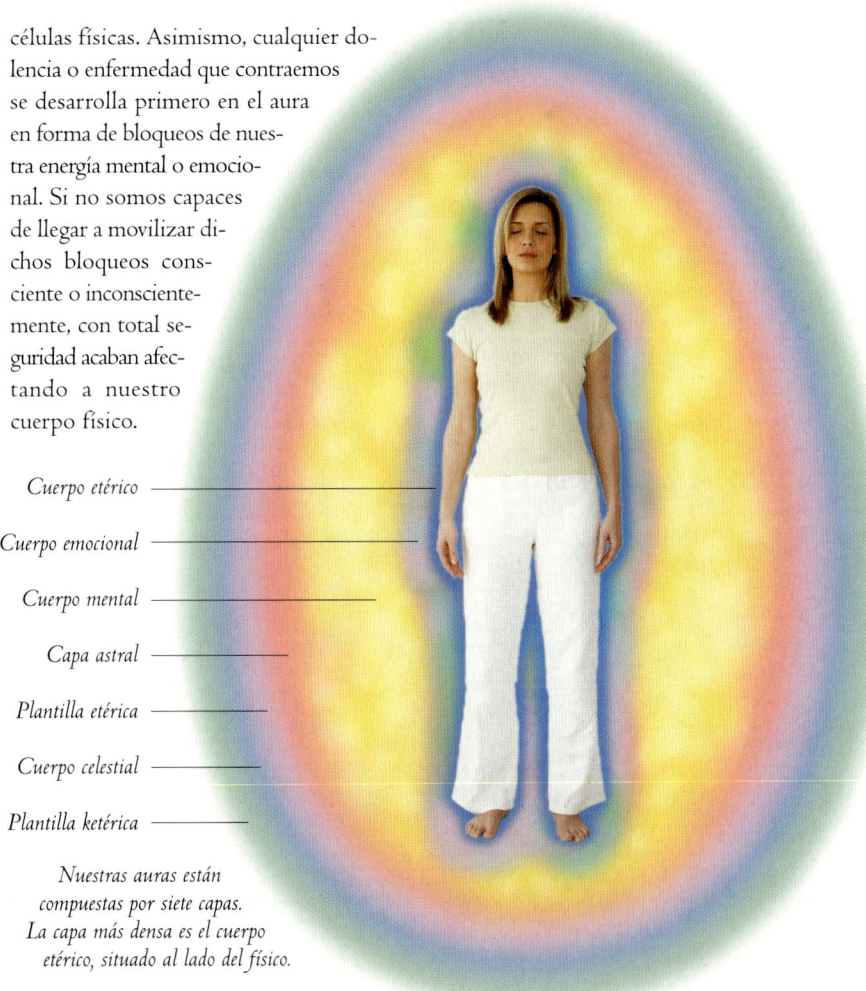

- *Cuerpo etérico*
- *Cuerpo emocional*
- *Cuerpo mental*
- *Capa astral*
- *Plantilla etérica*
- *Cuerpo celestial*
- *Plantilla ketérica*

Nuestras auras están compuestas por siete capas. La capa más densa es el cuerpo etérico, situado al lado del físico.

Cómo ver y sentir el aura

Es posible que no puedas ver o sentir tu aura, pero es fácil aprender a hacerlo. Las personas que tienen el don de la clarividencia son capaces de ver el aura de manera natural, sin esfuerzo, pero el resto de nosotros tenemos que entrenarnos para detectarlas. Este proceso es mucho más fácil de lo que podrías imaginar.

APRENDE A VER TU AURA

Empieza mirando al aura alrededor de tus manos, y después podrás seguir el mismo procedimiento para verte el aura alrededor de otras partes del cuerpo. Al principio solo verás tu cuerpo etérico, que es la zona del aura más cercana al cuerpo físico; con la práctica verás más capas.

1 Siéntate en una silla cómoda, frente a una pared lisa y de color claro. No te sientes directamente bajo la luz del sol o con una luz artificial apuntándote. Toma tierra y, después céntrate (véanse páginas 24-25).

2 Estira tu brazo derecho, con el dorso de la mano mirando hacia ti. Ahora mira al espacio que queda entre tus dedos extendidos y la pared, sin mirar directamente a ninguno de ellos. Permite que tus ojos se relajen.

3 Empezarás a ver un perfil borroso, blanco o gris, alrededor de tus dedos. Eso es tu aura. Continúa mirando al espacio entre tus dedos y la pared. El perfil blanco o gris empezará a cambiar de color, y generalmente se volverá azul.

VE EL AURA ALREDEDOR DE TU CABEZA

Cuando hayas contemplado el aura alrededor de tus manos, reorienta la atención para ver el aura alrededor de tu cabeza.

1 Ponte frente a un espejo, con una pared lisa y de color pálido detrás de ti. Toma tierra y céntrate, como antes.

2 Mira al espacio por encima de tu cabeza, dejando que tus ojos se relajen. Pronto empezarás a ver un perfil borroso, gris o blanco, alrededor de tu cabeza, que acto seguido se transformará en una sombra azul. Esto es tu cuerpo etérico.

SIENTE TU AURA

Otra manera de trabajar con el aura es sentirla con las manos. Este ejercicio es divertido y sus rápidos resultados te animarán. También puedes usarlo al prepararte para llevar a cabo una sanación (véanse páginas 124-155).

1 Reserva algún tiempo en el que sepas que no vas a ser molestado. A continuación, toma tierra y céntrate, como antes.

2 Pon las palmas de las manos cerca una de otra, sin dejar que se toquen. Ahora separa las palmas y después vuelve a juntarlas, siempre notando cómo sientes la energía entre tus manos. Continúa moviéndolas hacia delante y hacia atrás, separándolas un poco más cada vez.

3 A medida que trabajes, notarás que las sensaciones van acumulándose en las palmas de las manos. Por ejemplo, es posible que sientas un cosquilleo o que las notes calientes. También notarás que la energía se va acumulando en el espacio entre tus manos; lo sentirás elástico y flexible, y a medida que acerques más las manos, notarás una leve resistencia entre ellas. ¡Esto es tu aura!

SIENTE TUS CHAKRAS

Cuando hayas aprendido a sentir tu aura, puedes progresar en sentir tus chakras. Es exactamente el mismo proceso, pero es posible que las sensaciones sean diferentes.

1 Reserva algún tiempo en el que puedas estar solo; a continuación, toma tierra y equilíbrate, como antes.

2 Elige un chakra particular con el que trabajar, como el chakra plexo solar (véanse páginas 70-71) o el chakra corazón (véanse páginas 72-73).

3 Mantén la mano a unos 30 cm de la zona relevante de tu cuerpo, y a continuación empieza a moverla suavemente hacia delante y hacia atrás. Estás sintiendo el límite de tu aura. Mueve suavemente la mano hacia tu cuerpo hasta que se encuentre con alguna resistencia. Esto significa que estás haciendo contacto con la energía de ese chakra.

4 Continúa sintiendo la energía del chakra, y nota lo diferente que la sientes del aura que la rodea. Por ejemplo, el aura alrededor de tu chakra puede parecerte muy densa y sólida, en comparación con otra sensación mucho más ligera cuando te alejas de él. También puedes sentir presión en el cuerpo al presionar sobre la energía del chakra.

Formas y colores del aura

Tu aura no es una mancha amorfa. En su estado ideal, tiene la forma de un huevo perfecto, bien equilibrado, sin abultamientos ni signos de estar dañado. Se estira varios centímetros por encima de tu cabeza y se extiende por debajo de los pies, encerrándote completamente en su escudo protector.

En cualquier caso, no todas las auras son siempre perfectas. Un aura puede estar desalineada, puede tener un lado mucho más delgado que el otro, o puede parecer que se encoge, de modo que ya no llega por debajo de los pies de la persona, y podría detenerse al nivel de las rodillas. También cambia de color en función del estado de ánimo de esa persona y de su estado de salud, aunque siempre tiene un color predominante. El aura no tiene un color ideal, porque cada una refleja un tipo de personalidad y una manera de mirar el mundo diferente.

SINTONIZAR CON LOS COLORES

A medida que ganes sensibilidad te darás cuenta de que sintonizas cada vez más con los colores de tu entorno. Habrá días en los que te sentirás atraído hacia ciertos colores y repelido por otros. También podrías sentir muchas ganas de un color concreto, en cuyo caso puedes consultar la carta para entender por qué necesitas ese color y aprender más sobre el chakra asociado.

Por ejemplo, una repentina atracción por el rojo podría significar que motivo necesitas estar más en contacto con la tierra y tener más energía. Podrías desear satisfacer ese anhelo llevando ropa o joyas del color relevante, o asimismo poniendo un jarrón de flores de ese color sobre tu escritorio o cerca de tu cama.

También podrías sentirte atraído a tomar alimentos de un color particular, como plátanos, pimientos amarillos y peras. En esto, sigue tu instinto.

Considera también los colores de tu casa. ¿Te gustan? Cuanta más atención prestes a los colores de tu vida, más aprenderás sobre ti mismo y sobre el estado siempre cambiante de tus chakras.

Las formas del aura

Cuando aprendas a ver o a sentir un aura, pronto te darás cuenta de que no todas ellas tienen una forma oval perfecta. Aquí describimos algunas formas de aura que puedes esperar encontrar, así como sugerencias que indican lo que podrían significar y el tratamiento que podrían requerir (véanse páginas 94-95, «Sanar tu aura»).

Forma	Significado	Tratamiento
Aura ladeada	Precaución; temor, falta de confianza	Ahueca la parte estrecha y empuja hacia dentro la parte ancha.
Aplanada en la zona de la cabeza	Depresión	Estira suavemente la parte abollada del aura.
El aura se detiene a la altura de las rodillas	Falta de toma de tierra; temor; falta de conexión con el entorno y con el chakra básico	Estira el aura hasta por debajo de los pies; realiza el ejercicio de toma de tierra (véanse páginas 24-25).
Aura con borde desigual	Falta de límites; cuerpo que ha sufrido algún daño físico	Alisa los bordes desiguales.

Los colores del aura

Cada uno de nosotros tenemos un color predominante en nuestra aura, aunque los otros colores pueden ir y venir en función de nuestro estado de salud y de nuestras emociones. Aquí mostramos algunos de los colores predominantes que podrías contemplar en el aura de alguien, con breves descripciones de lo que dichos colores dicen sobre la persona a la que pertenecen. Usa tu intuición para ampliar estas descripciones.

	Color	Significado	Chakra
	Rojo	Energía, acción, liderazgo, innovación	Básico
	Naranja	Optimismo, confianza, calidez emocional	Sacro
	Amarillo	Comunicación, creatividad, agilidad mental, sociabilidad	Plexo solar

Color	Significado	Chakra
Verde	Amor, bondad, paz, amor a la naturaleza, necesidad de armonía	Corazón
Rosa	Afecto, compasión, fuerte espiritualidad	Corazón
Azul	Consideración, idealismo, valores éticos, conocimiento espiritual	Garganta
Índigo/púrpura	Amor, capacidad psíquica, intuición, propósito espiritual	Entrecejo
Blanco	Evolución espiritual, conexión con lo Divino, humanitarismo	Coronario

Limpiar y sanar el aura

Cuando tomes conciencia del aura y seas capaz de sentirla, querrás cuidar de ella. Querrás limpiarla regularmente, sobre todo después de haber tenido una experiencia difícil. Y desearás curarla si notas que hay algún problema en ella, como puntos calientes o fríos, o desgarros. Estos procedimientos no requieren más que unos minutos al día, pero pronto notarás la diferencia en tus niveles de energía. También es posible que descubras que puedes prevenir las enfermedades antes de que arraiguen en tu cuerpo por haber limpiado los correspondientes bloqueos energéticos en tu aura.

LIMPIAR TU AURA

La mejor manera de asegurar que no se acumulen problemas en tu aura es limpiarla cada día. Esto es especialmente importante si trabajas con otras personas, o si viajas cada día en transporte público, porque entonces recogerás muchas energías de otros. Dar un mantenimiento regular a tu aura te ayudará a prevenir cualquier problema serio que pudiera acumularse en ella.

LIMPIEZA DIARIA

Puedes realizar este ejercicio cuando sientas la necesidad, o puedes reservar tiempo para realizarlo cada día.

1 Siéntate cómodamente, apoyando los dos pies planos en el suelo. Toma tierra y céntrate (véanse páginas 24-25).

2 Imagina un gran disco de energía, mucho más ancho que tu cuerpo, suspendido por encima de tu cabeza. Si te sirve de ayuda, puedes imaginar que oyes su zumbido.

3 Ahora imagina que el disco desciende lentamente, de modo que empieza a atravesar tu aura y tu cuerpo físico. A medida que progresa hacia abajo, va recogiendo todas las emociones negativas,

pensamientos y experiencias que han quedado atrapados en tu aura.

4 Visualiza que el disco llega hasta tus pies, y después atraviesa el suelo por debajo de ti, llevándose todos los residuos energéticos con él. Sabe que la tierra absorberá la energía descartada y la transformará positivamente.

5 Repite el ejercicio si sientes que es necesario. Una vez que hayas acabado, siéntate en silencio durante unos momentos antes de estirar los brazos y las piernas, y de regresar plenamente a tu cuerpo.

SANAR TU AURA

Si detectas algún desgarro o cualquier otro problema en tu aura, puedes sanarlos. Ya hemos comentado algunos de los problemas que podrías hallar y las maneras de sanarlos (véanse páginas 88-89). Aquí hay otro ejercicio que puedes realizar cuando sientas que puede haber algo mal en tu aura, pero no estás seguro de qué es.

1 Siéntate cómodamente en una silla con los dos pies apoyados en el suelo. Elige un momento en el que nadie vaya a molestarte para poder relajarte. Toma tierra y equilíbrate, como antes.

2 Cierra los ojos y sintoniza con tu aura hasta tener una sensación clara de que te rodea. Imagina que se extiende desde tu cuerpo en todas las direcciones, por encima de la cabeza y por debajo de los pies.

3 Ahora pide que la energía sanadora sea enviada a cualquier área de tu aura que necesite ser reparada. Confía en tu intuición, sabiendo que la sanación está siendo dirigida a las zonas relevantes. Imagina que una bola de luz brillante y dorada se está moviendo sobre la parte dañada de tu aura, curándola delicadamente. Si tienes desgarros, imagina que la luz dorada los repara.

4 Deja que esta luz dorada pase de cada zona de tu aura a la siguiente, curando cada una de ellas sucesivamente. Pon lo mejor de ti en ser consciente de este proceso a medida que vaya ocurriendo, porque eso refinará tu intuición y tus capacidades psíquicas. Cuando la luz dorada deje de moverse o desaparezca, la sanación se ha completado.

5 Finalmente, da gracias por la sanación y vuelve a tomar tierra. Abre lentamente los ojos, y después estira los brazos y las piernas para poder retornar a tu cuerpo.

Protección psíquica

¿Qué es la protección psíquica?

Todos somos sensibles a los ambientes que nos rodean, aunque en distinta medida. Podemos tener experiencias felices en las que estamos encantados de absorber el ambiente que nos rodea, y experiencias estresantes en la que nos sentimos incómodos por estar inmersos en algo que no nos gusta. A veces seremos capaces de deshacernos de los residuos energéticos sin mucho problema, pero habrá ocasiones en las que esto será mucho más difícil de hacer. Si has visto alguna vez una película que te ha dejado con una sensación incómoda que no podías quitarte de encima, o si has repasado interminablemente en tu mente una conversación difícil mucho después de que el diálogo terminara, sabes a qué me refiero. En casos así tienes que

Puedes usar un mala budista para conseguir protección psíquica.

crearte una protección psíquica, que actúa exactamente igual que un impermeable que nos protege de la lluvia, o un par de gafas que filtran los rayos del sol.

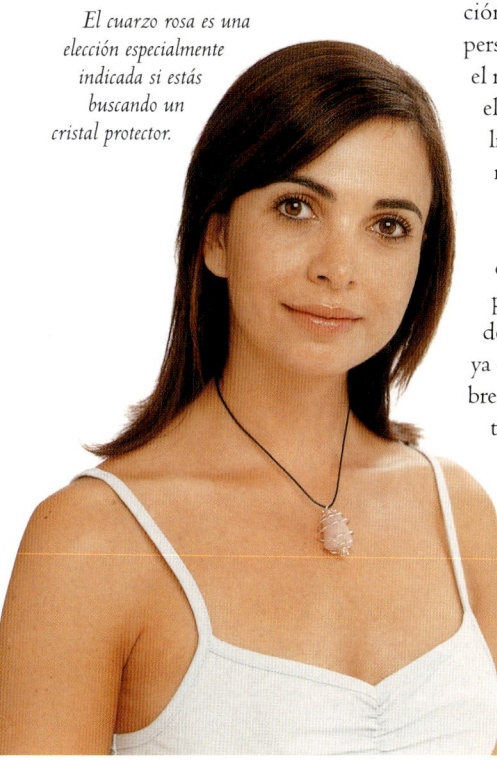

El cuarzo rosa es una elección especialmente indicada si estás buscando un cristal protector.

DISTINTOS TIPOS DE PROTECCIÓN

Es importante encontrar el tipo de protección psíquica que te vaya bien, y a la que puedas recurrir instantáneamente en caso de necesidad. Una forma de protección —que atrae a muchos millones de personas de distintas confesiones en todo el mundo— es recitar una oración. Para ello no tienes que pertenecer a una religión organizada: muchas personas que no se declaran religiosas se dan cuenta de que empiezan a rezar cuando necesitan ayuda. Puedes repetir una oración en voz alta o mentalmente, dependiendo de las circunstancias. Puede tratarse de una oración formal que ya conozcas, o de una que te inventes sobre la marcha. Continúa repitiéndola hasta que te sientas mejor. Otra opción es llevar puesto algo que te ofrezca protección. Podría tratarse de un símbolo religioso, o también podría ser un cristal, como un cuarzo rosa o una turmalina negra. En esta sección se describen muchas otras posibilidades, y por lo menos una de ellas será perfecta para ti.

¿Por qué necesito protección psíquica?

Imagina que tu aura es un imán psíquico. Atrae emociones y pensamientos, de los cuales algunos son benéficos, mientras que otros son menos armoniosos. Nos sentimos encantados de absorber las experiencias deliciosas en nuestras auras, pero tenemos problemas para procesar las experiencias difíciles. Estas pueden manifestarse de muchas maneras, entre las que se incluyen los malos sueños, los pensamientos repetitivos, las emociones inestables o los comportamientos impropios. A veces podemos sentir como si algo se hubiera quedado atascado en nosotros, o nos sentimos agotados después de estar con alguien que está muy necesitado emocionalmente, o con alguien controlador.

LAS ENERGÍAS DE OTRAS PERSONAS

Si pasas mucho tiempo con otras personas, tal vez porque tu trabajo te ponga en contacto diario con el público, o porque estás

Nunca deberías realizar ningún trabajo psíquico sin protegerte antes.

trabajando en una profesión de servicio, tienes que crearte regularmente una protección psíquica. Así repelerás cualquier energía negativa que esté a tu alrededor, y te permite absorber la energía agradable. Así pues, la protección psíquica resulta útil hagas lo que hagas cada día, y con la práctica llegará a integrarse en tu rutina diaria.

Trabajo psíquico

Cuando quieras desarrollar o usar tus capacidades psíquicas es importante protegerte. Los médiums (también llamados «sensitivos»), que son capaces de contactar fácilmente con el mundo de los espíritus, siempre tienen espíritus guía que actúan como porteros, y filtran a los espíritus problemáticos y entrometidos. Al empezar a trabajar con tus capacidades psíquicas tendrás que ser tu propio portero, porque aún no habrás aprendido a sintonizar con tus espíritus guía. Y, por lo que sabes, un espíritu travieso podría estar pretendiendo ser tu espíritu guía, tal como hay personas en la tierra que pretenden ser lo que no son. El hecho de que alguien esté en espíritu no garantiza automáticamente que tenga intenciones serviciales y amorosas. Algunos espíritus son encantadores, mientras que otros son muy desagradables. Debes aprender a notar la diferencia. Una manera de hacerlo es preguntar al espíritu si procede de Dios. Pregúntaselo tres veces. La ley espiritual decreta que dirá la verdad en su tercera respuesta.

Respirar

Antes de aprender a crearte una protección psíquica, debes aprender a controlar tu respiración. Así, cuando te encuentres en una situación complicada o que te da miedo, podrás usar la respiración para conservar la calma y mantenerte centrado. Esto favorece enormemente el uso de todas las técnicas de protección psíquica, porque no serán muy eficaces si estás respirando rápidamente debido a la ansiedad o a la tensión.

La mayoría de nosotros tomamos respiraciones superficiales desde el tercio superior de nuestros pulmones. Consecuentemente, nuestra sangre no está tan bien oxigenada como podría, y tampoco expulsamos los productos de desecho de los pulmones de manera natural. Por tanto, este ejercicio de respiración tiene beneficios físicos, además de psíquicos.

RESPIRACIÓN RÍTMICA

Este es un ejercicio muy simple que puedes practicar en cualquier momento hasta que se convierta en un hábito. Incluso puedes practicarlo mientras ves la televisión. Es muy útil practicarlo cuando te das cuenta de que estás respirando superficialmente, aunque en el momento no sientas tensión.

1 Toma conciencia de tu respiración, dándote cuenta de si estás reteniéndola o de si es muy superficial.

2 Toma una respiración profunda y después expulsa lentamente todo el aire de los pulmones. Deja que el aire vuelva a fluir hacia ellos sin forzar.

3 Toma una pausa durante un par de latidos, y después espira lentamente el aire. Dedica la misma cantidad de tiempo a la inspiración y a la espiración, el tiempo equivalente a cinco latidos. Establece un ritmo suave, de modo que inspires durante cinco latidos, después espires durante otros cinco, y vuelvas a detenerte durante dos latidos más antes de empezar el ciclo siguiente.

4 Mientras respiras de esta manera rítmica, siente que la tensión va saliendo de tu cuerpo y que tu corazón late más lentamente. Disfruta la sensación tranquila y calmada que esto produce.

Ejercicios de protección psíquica

Existen muchas maneras de protegerte psíquicamente. La mejor opción es que practiques cada uno de los ejercicios de las páginas siguientes para encontrar tus preferidos. Si lo deseas, puedes adaptarlos; pero recuerda siempre que al hacerlo deberías mantener una actitud calmada y amorosa. Si te proteges con una técnica agresiva, es

BURBUJA PSÍQUICA

Esta es una técnica muy popular porque es simple y funciona. Procura adquirir el hábito de practicarla regularmente (preferiblemente cada día), de modo que la burbuja se vaya fortaleciendo cada vez más. De esta manera te ofrecerá una gran protección cuando realmente la necesites. En el caso ideal, deberías ser capaz de tener la burbuja psíquica en su lugar antes de empezar el día, en lugar de tener que rodearte de ella apresuradamente cuando te das cuenta de que la necesitas.

1 Respira lenta y regularmente; a continuación, toma tierra y céntrate (véanse páginas 24-25).

2 Imagina que estás rodeado por una burbuja de energía psíquica que te protege de las influencias negativas, mientras permite que las emociones positivas fluyan entre tú y las demás personas.

3 Asegúrate de que la burbuja se estira por encima de tu cabeza, por debajo de tus pies, y se cierra detrás de tu espalda. Imagínatela elástica, de modo que

EJERCICIOS DE PROTECCIÓN PSÍQUICA 105

posible que acabes atrayendo más agresión de otros. Recuerda: lo semejante atrae a lo semejante.

PROTEGE TUS PERTENENCIAS

Existen maneras simples de proteger tus pertenencias de otras personas o de las influencias dañinas. Por ejemplo, podrías imaginar que el objeto está completamente rodeado por una burbuja psíquica (véase debajo). Puedes hacer esto para cualquier cosa de tu propiedad, como tu casa o tu coche. Continúa revisando mentalmente a lo largo del día que la burbuja sigue en su lugar y que se mantenga intacta.

pueda retraerse hacia ti si fuera necesario, o extenderse hacia fuera cuando te sientas cómodo y seguro.

4 Visualiza el color de tu burbuja psíquica. En situaciones normales, puedes desear imaginártela hecha de luz blanca o dorada. En otras situaciones más estresantes, cuando necesites incrementar la protección, imagina que la burbuja está compuesta por siete capas, cada una de ellas por uno de los colores que componen el arcoíris.

Solicita la ayuda angélica si te preocupa la seguridad de tu hogar.

Otra opción es designar guardianes psíquicos para que vigilen tus posesiones. Puedes cambiar de guardianes en función de las circunstancias. Por ejemplo, puedes elegir hadas para que cuiden de las plantas de tu jardín si te preocupa que alguien pueda robarlas o dañarlas, o puedes pedir a guardianes de animales que vigilen a tus mascotas cuando no estés en casa. Alternativamente, puedes pedir ayuda a una red de ángeles que pueden ayudarte de muchas maneras. Aunque tal vez pienses que estos seres celestiales no son lo suficientemente duros para proteger tu hogar de los ladrones, de hecho están muy bien equipados para afrontar cualquier circunstancia.

No obstante, si decides elegir otros guardianes que consideras más intimidantes cuando sientes que son necesarios, podrías destinar unos guardianes grandes y corpulentos a proteger tu coche cuando lo dejes en aparcamientos que no te son familiares. Y cada noche, antes de ir a dormir, puedes pedir a los ángeles que mantengan vigilada tu casa y tu familia. Cuando te vayas de casa, puedes pedir que permanezca rodeada por los cuatro costados por porteros que repelan a los visitantes no deseados.

DESIGNAR GUARDIANES PSÍQUICOS

1 Respira lentamente y con calma para centrarte; a continuación, establece contacto con la tierra, como lo has hecho anteriormente.

2 Pide que se sean enviados algunos guardianes psíquicos para que te protejan de aquello que te preocupe. Visualiza que llegan y toman posiciones. Sabe que están allí. Dales las gracias por venir a ayudarte.

3 Cuando ya no los necesites, vuelve a darles las gracias por su ayuda y diles que son libres de irse.

El espejo psíquico

Hay muchas ocasiones en las que sentirás que necesitas ayuda adicional para protegerte de las energías de las personas que te rodean. Una manera eficaz de hacerlo es levantar mentalmente un espejo entre tú y la persona de la que desees protegerte. Esto reflejará la conducta de esa persona de vuelta a ella misma, desviándola lejos de ti.

PROTECCIÓN A TRAVÉS DEL AMOR

La protección del espejo psíquico (véase página 107) es muy eficaz, pero también puede ser ligeramente agresiva. Si te preocupa hacer que una situación difícil empeore todavía más, o si sientes instintivamente que enviar amor es una opción mejor que reenviar a la persona su propia energía, puedes probar el ejercicio siguiente. Es un recordatorio de que el amor es la fuerza más poderosa del universo.

1 Encuentra un rato en el que no vayas a ser molestado. Toma tierra y céntrate, como antes. A continuación, respira lentamente y con regularidad.

2 En el ojo de tu mente, imagina a la persona con la que estás teniendo problemas. Envíale tu amor.

3 Si entran en tu mente pensamientos iracundos, o recuerdos de los problemas que has tenido con esa persona, aleja lentamente esos pensamientos. Vuelve a enfocarte en esa persona y envíale tu amor. Si te resulta difícil, ayúdate imaginando a esa persona como un niño pequeño y vulnerable.

Alternativamente, puedes pensar en alguien a quien ames mucho, como tu pareja o tu animal doméstico, y a continuación dirige esos sentimientos amorosos hacia la persona que te está causando problemas. Cuanto más practiques este ejercicio, más fácil te resultará. También empezará a transformar tu relación con la persona en cuestión.

Un sistema de aviso psíquico

Cuanto más hayas practicado el arte de sintonizar con tus emociones y pensamientos, y de darte cuenta de que algo desagradable ha tocado tu aura, más eficiente será tu sistema de avisos psíquicos. La clave está en permanecer centrado y en contacto con la tierra siempre que sea posible. Entonces sabrás cuándo te están desequilibrando las fuerzas externas, porque de repente te sentirás distinto.

Adquirir el hábito de permanecer centrado y en contacto con la tierra también es importante por otro motivo. Algunos individuos creen que están sometidos a ataques psíquicos de otra persona cuando, de hecho, son ellos mismos los que están generando las sensaciones desagradables. Por ejemplo, pueden ponerse nerviosos por algo y al mismo tiempo negarlo ante sí mismos, y después atribuir sus sentimientos acalorados a un ataque psíquico del sujeto en cuestión.

SEÑALES DE ADVERTENCIA

Si adquieres el hábito de mantenerte calmado y equilibrado, notarás rápidamente cuándo tienes que protegerte contra alguien o contra algo. Presta atención a las señales que te envíe tu cuerpo, como una tensión repentina en el estómago, cosquilleos en la piel o una agitación aparentemente inexplicable. Si eres consciente de tus espíritus guía y trabajas regularmente con ellos, también te enviarán señales de advertencia cuando estés en presencia de energías negativas o desagradables.

A veces experimentarás extrañas sensaciones que no podrás explicar en el momento, y que después acaban siendo tu aura defendiéndose a sí misma. Por ejemplo, cuando paseas por un bosque en el que está ocurriendo algo desagradable, podrías notar un escudo protector que cubre tu chakra coronario. Podría darte la sensación como si fuera un sombrero, y por más que pases la mano para dispersarlo, no desaparece hasta que sales de ese bosque. Cuando esto ocurra, puedes estar seguro de que estás recibiendo protección psíquica.

A veces las sensaciones físicas de tu cuerpo te indicarán que te protejas físicamente.

Limpiar la energía negativa

Inevitablemente habrá ocasiones en las que te olvidarás de llevar puesta tu burbuja protectora (véanse páginas 104-105), o algún otro tipo de protección psíquica, y como consecuencia acumularás alguna energía negativa. Esto puede ocurrir cuando tienes una conversación difícil con alguien, cuando ves alguna noticia desagradable, o cuando tomas asiento en el autobús y descubres que has captado la energía inestable del anterior ocupante. No te preocupes, porque es fácil librarse de estas energías. Simplemente tienes que saber hacerlo.

LAVARLA

Una de las maneras mejores y más simples de limpiar la energía negativa es tomar un baño o una ducha. Mientras te lavas, imagina que estás lavando la energía negativa que has atraído. Asegúrate de lavarte también el pelo. Al ver el agua irse por el de-

Tomar un baño es una de las maneras más eficaces de limpiarse el aura.

Lavar la ropa y secarla al aire fresco elimina cualquier energía negativa que pueda haber quedado atrapada en ella.

sagüe, sabe que se está llevando la energía negativa.

Si necesitas ayuda adicional, puedes añadir sal marina al agua del baño. La sal es muy limpiadora y es particularmente útil cuando sientes que la energía de alguien se te ha quedado pegada y no puedes quitártela de encima. También puedes añadir unas gotas del remedio floral de Bach walnut, o esencia floral de matorrales australianos de *fringed violet* (véanse páginas 172-175) al agua del baño para limpiar tu aura.

ROPA LIMPIA

En nuestra ropa quedan nuestros residuos energéticos, de modo que es una buena idea mantenerla fresca y aireada. Si has tenido un día difícil, tal vez porque tuviste una discusión con alguien, lo ideal es lavar toda tu ropa antes de volver a ponértela. Si eso no es posible, al menos déjala al aire libre y sacúdela enérgicamente para quitarle la energía negativa, y después deja que se airee colgada en una percha. Si puedes dejarla al aire libre, al sol, mucho mejor. Acuérdate también de airear tus zapatos.

Puedes hacer lo mismo con la ropa de cama después de tener una pesadilla o tras una noche inquieta. Sacude bien toda la ropa de cama, y después déjala tendida al sol durante al menos una hora.

MANTENERSE ACTIVO

Cuando la energía está bloqueada, empieza a estancarse. Esto puede ocurrir muy rápidamente, de modo que es buena idea mantenerse activo cada día. El ejercicio mantiene tu energía en movimiento y te ayuda a impedir una acumulación de negatividad. Incluso un breve paseo por la habitación o, mejor aún, una vuelta a la manzana más cercana, hará que te sientas más fresco y claro.

DESPUÉS DE UNA DISCUSIÓN

Las discusiones, aunque sean amistosas, agitan inevitablemente mucha energía negativa. Tienes que limpiar esta energía, y no solo de la habitación o de la zona donde se produjo la discusión, sino de tu propia aura. Para limpiar la habitación, abre las ventanas para que entre un poco de aire fresco y después limpia el ambiente del modo que te parezca más apropiado. Puedes caminar por la habitación dando palmadas con las

El sonido penetrante creado por los cuencos es un excelente limpiador de la energía.

manos para deshacer la energía. O podrías reproducir tu pieza de música sacra favorita para purificar el ambiente. Otra opción es poner unas gotas de Remedio de Rescate (flores de Bach) en un aerosol para regar plantas lleno de agua y rociar la habitación.

También puedes usar un cuenco musical si lo tienes: el cuenco de metal se golpea con un palo de madera para generar una nota resonante, y tiene cualidades curativas y limpiadoras. Ponte de pie sucesivamente en cada esquina de la habitación y tañe el cuenco. El sonido resonante ayudará a dispersar la energía negativa. Seguidamente repite el ejercicio en el centro de la habitación.

Después de limpiar la energía, puedes añadir un toque final a este proceso de limpieza poniendo un pequeño cuenco con sal marina en el centro de la habitación y dejándolo allí todo el tiempo posible. La sal absorberá las energías negativas, de modo que estate seguro de deshacerte de ella con cuidado: no vuelvas a ponerla en el salero. Más bien, entiérrala al aire libre.

Un cuenco de sal marina te ayudará a limpiar el ambiente de una habitación después de haber tenido una discusión.

Bendiciones y afirmaciones

Una manera maravillosa de introducir más protección psíquica en tu vida y de atraer experiencias positivas es bendecir a todas las personas y cosas con las que te encuentres. Al principio esto puede parecerte extraño y poco familiar, y quizá incluso podría parecerte que presupone una actitud de superioridad. Pero, a medida que te acostumbres a bendecir el alimento antes de cada comida, o cada situación difícil que afrontes, pronto empezarás a sentirte más cómodo con el proceso. También te darás cuenta de que tiene un profundo impacto emocional en ti, y que te aporta muchos beneficios.

BENDECIR EL ALIMENTO Y LA BEBIDA

En las sociedades religiosas y espirituales es natural bendecir el alimento antes de comerlo. Por ejemplo, los cristianos pronuncian unas palabras de oración sobre la co-

Procura acostumbrarte a bendecir todo lo que comas y bebas.

mida para dar gracias a Dios por haberla provisto. Los budistas siempre se inclinan ante el alimento antes y después de comer para dar gracias por él. En el Ayurveda —un sistema de curación originario de India que tiene más de 5.000 años de antigüedad y trata de equilibrar las energías sutiles del cuerpo, dando una importancia especial a la dieta—, el alimento no solo se bendice, sino que se limpia de toda deuda kármica antes de tomarlo. Aunque no tengas fe en ninguna religión, seguirá siendo beneficioso para ti bendecir cualquier alimento que tomes, tanto si es una comida de tres platos como si es una galleta de chocolate con el té de la tarde.

Lo único que tienes que hacer es realizar una pequeña ceremonia de bendición al comienzo de cada comida. Elige lo que te parezca natural, sabiendo que esa bendición ya ha funcionado. Por ejemplo, podrías trazar el signo de una cruz de brazos iguales con la mano sobre el alimento, o podrías elevar el plato hasta la frente. Idealmente deberías pronunciar la bendición en voz alta, lo que incrementa su fuerza y su impacto.

Los líquidos también responden bien a las bendiciones, y por eso hay tantos pozos sagrados en todo el mundo. El agua es fácil de magnetizar mediante una bendición (conservando así su energía y reteniendo la bendición), pero no hay por qué detenerse en ella. Bendice el zumo de fruta, el té, el café, la leche…, incluso tu vaso de vino.

Afirmaciones

Una afirmación es una declaración positiva que te repites a ti mismo una y otra vez para transmitir su mensaje a tu subconsciente. Como la energía sigue al pensamiento, una afirmación repetida siempre se manifestará como alguna forma de energía. Una vez que comiences a practicar esto, empezarás a entender la importancia de hacer un seguimiento de lo que piensas. Si te enfocas frecuentemente en la enfermedad y en la pobreza, eso es lo que se manifestará antes o después; si te enfocas en la salud, en la abundancia y en la felicidad, o en cualquier otra cosa que desees, eso es lo que atraerás. He aquí algunas pistas sobre las afirmaciones:

- Elige el tiempo presente. No quieres decir a tu subconsciente que estarás más alegre en algún momento futuro: quieres decirle que estás alegre ahora mismo. Prueba con algo como: «Atraigo alegría a mi vida ahora».
- Borra cualquier palabra negativa de tus afirmaciones, lo que quieres es que sean positivas. Por ejemplo, si quieres recuperarte de una gripe, no digas: «Me estoy recuperando de la gripe», porque tu subconsciente se enfocará en la palabra «gripe», y no en la palabra «recuperando». Usa una afirmación como «Ahora tengo una salud perfecta».
- No pidas algo que vaya a producir daño, a ti mismo o a otra persona. Si estás afirmando que tus amigos serán cada vez mejores, no quieres que a tus actuales amigos les ocurra algo horrible. Por tanto, tienes que elegir tus palabras con cuidado y añadir una cláusula adicional, como: «Para el mayor bien de todos los implicados».
- Pronuncia tu afirmación en voz alta durante al menos cinco minutos cada día. Dila amorosamente, sintiendo su verdad en tu corazón. Sabiendo que se hará realidad, anticipa la alegría que sentirás cuando esto ocurra. No confundas a tu subconsciente dándole mensajes cruzados, como añadir: «Me pregunto si realmente ocurrirá».

Superar el temor

Algunos somos mucho más temerosos que otros. Algunos pasamos por la vida preparándonos permanentemente para lidiar con los desastres y problemas que creemos que nos acechan a la vuelta de cada esquina. Podemos preocuparnos por cualquier cosa: podemos tener miedo de que la lluvia arruine el picnic que hemos planeado; de que nuestra pareja se vaya con alguien mucho más atractivo que nosotros, o de que el traslado de casa que tenemos preparado se frustre en el último minuto.

Vivir en un mundo personal gobernado por el temor afecta negativamente a nuestra salud. Va desgastando nuestro sistema inmunitario, y esto hace que seamos más proclives a la enfermedad. Altera nuestro metabolismo, inundando nuestra corriente sanguínea con un exceso de las hormonas que activan el mecanismo de lucha o huida: el cortisol y la adrenalina. También altera nuestros hábitos de sueño, causa desastres en nuestro sistema digestivo y tiene muchos otros efectos perniciosos en nosotros. Algunos podemos sentir que estamos siendo sometidos a un ataque psíquico, cuando en realidad estamos reaccionando exageradamente e imaginando lo peor.

Posiblemente lo más atemorizante del temor es que atrae circunstancias atemorizantes. Lo parecido atrae a lo parecido, de modo que es más probable que experimentes situaciones desagradables si ya tienes miedo. Te estás programando para situaciones que justifiquen el temor que sientes. Entonces, ¿cómo salir de este círculo vicioso?

PLANTEAMIENTO MULTIFACÉTICO

Existen muchas maneras de afrontar tus temores e incrementar tu confianza. La primera es mirar de cerca aquello que te da miedo y entender por qué. ¿Temes perder todo lo que tienes porque en el fondo sientes que no te lo mereces? ¿Piensas que serás castigado por tus errores y tu mal comportamiento? Si tus temores están profundamente arraigados o surgen de un trauma del pasado, es posible que necesites ayuda profesional para lidiar con ellos. Si existe una solución constructiva para tu temor, actúa. Tomar remedios florales diseñados para lidiar con el temor también puede ayudarte.

El miedo puede convertirse en una prisión si le permites que te controle.

Acumular confianza

En cuanto empieces a darte cuenta de lo ansioso que estás, puedes reemplazar la ansiedad por otras emociones más positivas. Aquí tienes algunas sugerencias:

Medidas restrictivas
• Deja de leer el periódico o de ver las noticias de la televisión durante una semana, y date cuenta de cuánto mejor te sientes así. Evita los programas de televisión, las películas, las revistas y los libros que abunden en desgracias y en escenas de violencia.

• Mantente alejado de las personas muy negativas a las que les gusta enfocarse en las cosas horribles de la vida. Pasa tiempo con personas que te hagan reír y sentirte bien. Si no conoces ninguna, ¡tienes que encontrar nuevos amigos!

• Limita tu tiempo de preocupación a cinco minutos al día. Cuando te preocupes más allá de ese tiempo, descarta la preocupación de tu mente. Pronto te darás cuenta de que te has olvidado completamente de preocuparte.

Medidas proactivas

- Presta atención a tus pensamientos. Cada vez que te apercibas pensando algo negativo o atemorizante, reemplaza ese pensamiento por otro positivo.
- Descubre una nueva afición o interés, de modo que tengas algo nuevo y divertido en lo que pensar. Disfruta del tiempo que le dedicas y no te sientas culpable.
- Haz más ejercicio, aunque solo salgas a caminar a buen ritmo una vez al día. El ejercicio libera endorfinas a la corriente sanguínea, las hormonas del bienestar. Notarás la diferencia en tu salud y también en tu peso.
- Desarrolla una práctica espiritual. Podría ser cualquier cosa, desde acudir a tu iglesia local (pero solo si te gusta ir allí), hasta leer libros de crecimiento personal.

Elige bien la compañía con la que estás y evita a las personas negativas y sombrías.

Procura incluir algún ejercicio regular en tu rutina diaria.

- Aprende a meditar (páginas 44-45). La meditación tiene muchos beneficios para la salud y aporta una profunda sensación de paz y relajación. También requiere que reserves tiempo para ti cada día.
- Empieza a practicar yoga, que además de incrementar la flexibilidad y la fuerza de tu cuerpo, también mejorará tu respiración, y puede darte un punto de vista más espiritual sobre la vida.

Sanación energética

¿Qué es la sanación energética?

La sanación energética ha sido practicada durante milenios. No hay nada nuevo en ella, a pesar de la actual proliferación de técnicas curativas y de escuelas de sanación. Dicho de manera simple, la sanación energética es la práctica de cambiar el estado físico, emocional, mental o espiritual de la persona transformando la energía que le rodea. La sanación siempre produce un cambio de algún tipo, aunque a veces puede producirse a un nivel que el cliente no se espera.

Todos somos sanadores, aunque la mayoría no nos damos cuenta de ello. Si has consolado alguna vez a un niño lloroso que acaba de lastimarse, le has hecho una sanación. Tal vez le diste un abrazo, le frotaste el codo que se había golpeado o le dijiste que le darías un beso en el golpe para aliviarle. Todo esto son prácticas de sanación. A menudo oímos decir que un médico tiene «buena mano o mano de santo», lo que significa que reconforta y da seguridad a sus pacientes. Incluso antes de que el médico escriba una receta, el paciente puede empezar a sentirse mejor. Puede haber muchas razones psicológicas para esto, pero también cabe la posibilidad de que el médico sea un sanador natural, y por eso se haya sentido atraído originalmente hacia la profesión médica. Por desgracia, esto no significa que todos los que se dedican a la medicina estén motivados por el deseo de curar: algunas personas buscan otras gratificaciones, como el poder, el estatus o la bonanza económica.

¿FUNCIONA SIEMPRE LA SANACIÓN?

La sanación siempre produce algún tipo de cambio, de modo que siempre funciona a algún nivel. Algunas personas experimentan curas milagrosas cuando dan sanación. Estas curas suelen ser tan dramáticas que parecen cuestionar las leyes de la medicina alopática (convencional), y generalmente los asombrados médicos creen haber cometido un error en su diagnóstico. Otras personas experimentan un alivio definitivo de los síntomas, pero no consiguen una cura completa. Algunas consiguen pocos beneficios de la sanación, pero descubren que otras áreas de sus vidas empiezan a mejorar, o que ciertos problemas persistentes

se resuelven de repente. No hay garantías con respecto a cómo la sanación afectará al paciente, tal como tampoco hay garantías con respecto a cómo responderá a la medicina convencional.

Al dar una sanación puedes poner las manos sobre el cuerpo de la persona o a cierta distancia del mismo.

Tipos de sanación

La sanación puede adoptar muchas formas. Está la simple sanación psíquica o sanación energética, en la que el sanador canaliza energía de una fuente superior y la transfiere al aura del paciente. Otra posibilidad es usar el poder de la oración: cuando alguien reza para que se produzca una curación. Una técnica similar consiste en invocar a una figura religiosa, como cuando se dice: «Jesucristo manifiesta el orden perfecto en mí ahora». Las afirmaciones (véanse páginas 116-119), o las declaraciones positivas, como «ahora dispongo de una salud perfecta», también puede producir curación. Asimismo existen otras técnicas de sanación, como las que se practican con cristales o con remedios florales. De hecho, todas las terapias complementarias, así como los tratamientos alopáticos, tienen la capacidad de sanar.

Ten cuidado al trabajar cerca de la cabeza porque es un área muy sensible.

Distintos nombres, misma sanación

Existen muchos nombres distintos para la sanación, incluyendo el de «sanación espiritual», que sin embargo pueden resultar bastante confusos:

- **Sanación espiritual,** implica que los espíritus están involucrados, lo que puede ser un concepto desalentador para algunas personas.
- **Sanación psíquica** puede sonar igualmente atemorizante para aquellos a los que los poderes psíquicos les ponen nerviosos.
- **Sanación por la fe** sugiere que la sanación solo funcionará en personas que tengan suficiente fe, o que tengan una creencia particular.
- **Sanación energética** es una mejor descripción de cómo funciona la sanación, porque reconoce el papel esencial de la energía en este proceso. Se trata de un triple proceso entre el paciente, el sanador y la fuente superior con la que el sanador contacta. Distintos sanadores tienen distintos nombres para esta fuente, dependiendo de sus creencias espirituales. Pueden referirse a ella como Dios, el Universo o la Fuente. Ofrecer sanación sin vincularse con una fuente superior a veces puede producir fatiga en el sanador.

¿QUIÉN REALIZA LA SANACIÓN?

La mayoría de los sanadores energéticos creen que un poder superior canaliza su capacidad curativa a través de ellos hacia sus pacientes. Creen que actúan como un canal, no como la fuente de la curación misma. Otros sanadores no están de acuerdo con esto, y creen que ellos mismos son la fuente del poder curativo. En cualquier caso, el papel del paciente también es esencial, porque la sanación energética incita al cuerpo del paciente a curarse a sí mismo.

Cirugía psíquica

Tal como hay muchas formas de sanación, también hay muchas formas de cirugía psíquica. Los ejemplos más contundentes de este tipo de sanación se practican fundamentalmente en Brasil y en Filipinas, donde los sanadores parecen realizar intervenciones quirúrgicas en los cuerpos de los pacientes sin usar ningún equipo médico ni anestesia. A menudo retiran grandes can-

Edivaldo Silva es uno de los cirujanos psíquicos más famosos de Brasil.

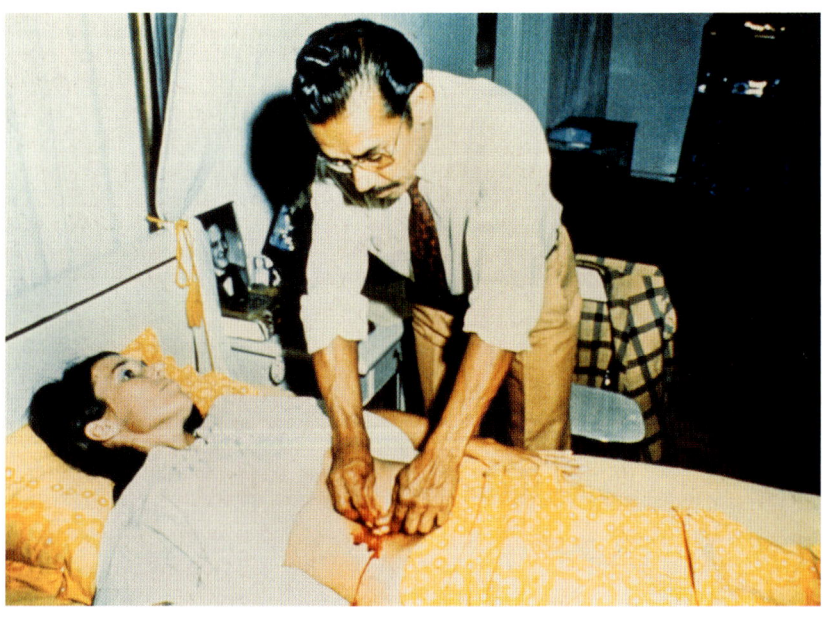

tidades de tejido de los cuerpos de sus pacientes, como tumores o piedras de la vesícula biliar, junto con algo de sangre. Estos métodos han curado a innumerables pacientes.

EN FILIPINAS Y EN BRASIL

La descripción más común de una operación psíquica pone en cuestión los clásicos conceptos occidentales sobre los procedimientos médicos. El cirujano desliza sus manos (o un cuchillo de cocina) dentro del cuerpo del paciente sin usar anestesia, retira o cura lo que le esté dando problemas, y a continuación cierra la herida sin usar puntos de sutura ni emplastos. Las heridas se curan completamente a los pocos días, en lugar de tardar semanas, como es común en Occidente. Estas operaciones suelen ser sangrientas, en total contraste con la sanación energética común, tal como se practica en Occidente.

Cualquier forma de curación llama la atención de los escépticos, pero la cirugía psíquica es la que más críticas recibe. Es una diana fácil para los que quieren desacreditar los fenómenos psíquicos citando innumerables casos de fraudes que usan para desacreditar toda la práctica. No obstante, el hecho de que muchos occidentales no comprendan la auténtica cirugía psíquica, o no se atrevan a creer en ella porque cuestiona todo lo que les han enseñado, no implica automáticamente que sea fraudulenta.

EN OCCIDENTE

También hay algunos renombrados cirujanos psíquicos que practican en Occidente. Uno de los más conocidos es Stephen Turoff, que trabaja en Gran Bretaña. Aunque no es un cirujano con estudios, canaliza las instrucciones de un grupo de médicos del mundo espiritual. Estos médicos están dirigidos por el doctor Joseph Khan, un austríaco que murió a principios del siglo XX.

La entidad desencarnada llamada doctor William Lang trabaja a través de George Chapman, un antiguo bombero, y de su hijo Michael. El doctor Lang ofrece consultas a sus pacientes mientras George o Michael Chapman están en trance. Cuando estaba vivo, el doctor Lang fue un notable cirujano ocular en el hospital oftalmológico Moorfields de Londres. En ocasiones, y trabajando a través de uno de los Chapman, el doctor Lang ha tratado pacientes a los que conoció en un principio en Moorfields, y dichos pacientes le reconocen.

El trabajo de Edgar Cayce

La carga de trabajo de Edgar Cayce llegó a ser tan exigente que murió de un derrame cerebral en 1945.

Uno de los personajes más notables de la historia de la sanación psíquica fue Edgar Cayce, también llamado «el profeta durmiente». La historia de Cayce es tan extraordinaria que sus detractores creen que su trabajo de curación supuso el haber conllevado el engaño, la sugestión, el deseo de beneficio económico y todos los demás fraudes que pudieran imaginarse. Sin embargo, Cayce era riguroso a la hora de poner a prueba su trabajo, y muchos de sus tratamientos aún se siguen usando actualmente para curar pacientes. Y lo que es más, generalmente se negaba a aceptar ningún tipo de recompensa por su trabajo.

Edgar Cayce nació en una granja de Kentucky en 1877. En la escuela no era un buen estudiante y en general parecía un muchacho normal, aunque con una notable excepción: tenía grandes poderes psíquicos. Mientras se esforzaba por aprender sus lecciones, descubrió que podía absorber toda la información del libro de texto escolar si dormía con él debajo de la almohada.

LECTURAS EN TRANCE

Esto ya era muy notable, pero además, de joven, Cayce desarrolló la capacidad de entrar en trance y diagnosticar la cura para los problemas de salud de los pacientes. Cuando estaba despierto, prácticamente no tenía ningún conocimiento de medicina, pero en trance sus conocimientos eran ilimitados. Cayce llegó a ser muy famoso porque era capaz de curar pacientes de enfermedades aparentemente intratables, que a menudo amenazaban sus vidas. Al principio trabajaba físicamente cerca del paciente, pero pronto se dio cuenta de que podía curar a cualquier persona del mundo: lo único que necesitaba saber era su nombre y dirección.

Muchos de los tratamientos de Cayce seguían un patrón determinado. A menudo recomendaba tratamientos de osteopatía, describiendo exactamente qué huesos de la columna tenían que ser manipulados. Otro de sus tratamientos favoritos era aplicar emplastos empapados en aceite de castor caliente en la parte del cuerpo afectada. Cayce también sugería programas de ejercicio y cambios de dieta, así como tratamientos médicos. A menudo recetaba medicinas que se consideraban pasadas de moda, pero que lo curaban todo, desde dolencias leves hasta otras muy graves. Aunque muchos de sus tratamientos se consideraban extravagantes, o demasiado livianos para producir efecto, en la gran mayoría de los casos funcionaban. Estableció su propia organización: la Asociación para la Investigación y la Iluminación (ARE), para hacer un seguimiento del éxito de sus lecturas. Se cree que tuvo un porcentaje de éxitos superior al 90 por 100.

Uno de los aspectos más curiosos de Cayce es que era un hombre muy religioso, cuyas creencias cristianas rayaban en el fundamentalismo, y a veces se contradecían con lo que decía en estado de trance. Por ejemplo, a menudo hablaba de los Registros Akáshicos (que se cree que existen en el plano astral y contienen las memorias de todos los seres que han vivido en cuerpo físico) cuando estaba en trance, aunque esta misma idea le dejaba perplejo en estado de vigilia.

LA MENTE UNIVERSAL

¿Qué pensaba Cayce de sus poderes? Él era consciente de que en estado de trance su mente parecía ser capaz de hacer dos cosas a la vez: podía dar una lectura para alguien y al mismo tiempo podía estar teniendo un sueño personal. A veces captaba el pensamiento de la persona mientras estaba dando la lectura y respondía a él.

Cayce creía que sus poderes procedían de lo que él llamaba la mente del alma o mente universal, que se parece mucho al concepto jungiano del inconsciente colectivo. De modo que cuando Cayce entraba en trance, era capaz de fundirse con la totalidad de la vida y de tomar cualquier información que necesitaba de los Registros Akáshicos.

Dar sanación

Cuando empieces a desarrollar tus capacidades de sanación desearás practicarlas en otras personas. Pero, por más fuerte que sea tu impulso de curar a otros, hay algunas directrices importantes que debes seguir (véase a continuación).

Directrices para la sanación

Estas normas son aplicables a todas las sesiones de sanación y a cualquier persona que estés curando. Todas ellas son de sentido común, pero es importante recordarlas:

- No ofrezcas a nadie un diagnóstico médico, a menos que estés cualificado para ello y que se te haya pedido específicamente.
- Nunca digas a alguien que ahora ya está curado y que puede dejar de tomar su medicación, o que no necesitará una operación.
- En ningún momento disuadas a nadie de buscar consejo médico, ni le prometas que serás capaz de curar su problema.
- No atemorices a tu paciente diciéndole que puedes ver todo tipo de cosas horribles en su aura.
- Ante todo, pídele siempre permiso para darle el tratamiento, aunque lo hagas mentalmente. No fuerces una sanación sobre alguien sin que la persona sepa que le estás tratando.

PREPARAR EL ESCENARIO

Cuando sanes a otra persona, hazlo en un ambiente calmado y sereno. Ofrécele una silla cómoda (asegúrate de que tenga los dos pies en contacto con el suelo, aunque tenga que dejarlos descansar sobre un cojín), o pídele que se tumbe en una cama o camilla de masaje.

Es posible que quieras poner una música suave de fondo, pero consulta primero con tu paciente para asegurarte de que esto no le disguste por algún motivo. Igualmente podrías desear encender una vela o quemar un poco de incienso, pero consúltalo también con tu paciente. Asegúrate de que no desprendes ningún olor fuerte (aunque sea tu perfume favorito), porque eso podría distraer al paciente.

Asegúrate de que no vas a ser molestado, ni por alguien que entre en la habitación ni por algún teléfono. No te olvides de pedir a tu paciente que desconecte el teléfono móvil antes de iniciar la sesión.

Quema incienso durante la sesión únicamente si lo has consultado con tu cliente.

SANAR A OTRA PERSONA

A pesar de su simplicidad, este proceso de sanación es muy eficaz. Ahora bien, dicho esto, no esperes milagros instantáneos: la sanación a menudo requiere tiempo para funcionar. Lo único que tienes que hacer es mantener tu conexión con la fuente de la energía sanadora y canalizarla a través de ti y de tus manos. Deja que la energía curativa y el cuerpo del paciente hagan el resto.

1 Invita a tu paciente a sentarse o tumbarse, tal como te parezca apropiado, y después comprueba que está cómodo. Dile que puede dejar los ojos abiertos o cerrados, y que le informarás cuando el tratamiento haya acabado. Pregúntale si le importa que le toques los hombros y los pies durante la sesión. Si le importa, puedes dejar las manos descansando justo encima del cuerpo, lo que será igual de eficaz.

2 Ponte de pie a un lado del paciente; toma tierra y céntrate mentalmente (véanse páginas 24-25). Imagina que te bañas en una ducha de luz dorada para limpiar tu aura. Después imagina un rayo de luz que te está siendo enviado desde la fuente más elevada de curación en la que puedas pensar y te entra por la coronilla.

3 Coloca las manos delicadamente sobre los hombros del paciente e imagina que ambos estáis protegidos por un manto protector de luz.

4 Ahora estás preparado para empezar la sesión de sanación. Puedes trabajar sobre cada chakra sucesivamente, empezando por el chakra básico y ascendiendo hasta el coronario (véanse páginas 66-79), o simplemente sanar cualquier zona del aura del paciente que te parezca apropiada (véanse páginas 92-95). Comprueba de vez en cuando que se siente cómodo.

5 Cuando acabes, dile al paciente que vas a poner tus manos sobre sus pies, porque si no le avisas de esto podría sorprenderle. Imagina que crecen raíces desde las plantas de sus pies hacia la tierra (esto es para ponerle en contacto con la tierra). Da gracias mentalmente por la energía curativa.

6 Aléjate de él e imagina que te bañas en una ducha de luz. A continuación, vuelve a tomar tierra.

7 Di suavemente a tu paciente que la sesión ha concluido. Invítale a comentar lo que ha experimentado y explícale tu propia experiencia de la sesión si lo consideras adecuado.

Técnicas de sanación

Cuando realizas una sanación, tanto si es para ti como para alguna otra persona, estás manipulando la energía contenida dentro del aura. En breve este cambio en la estructura energética del aura se reflejará en el cuerpo físico, y la dolencia empezará a mejorar. Esto se debe a que los problemas se manifiestan siempre primero en el aura y, si no se resuelven, acaban afectando al cuerpo físico. Por tanto, trabaja sobre el aura para disipar el problema físico.

Aquí hay algunas técnicas de sanación simples que puedes usar. A medida que adquieras más práctica podrás desarrollar intuitivamente otros métodos que te parezcan adecuados en el momento. Algunos se convertirán en tus técnicas favoritas, mientras que otros solo los usarás en contadas ocasiones. Lo importante es que te sientas cómodo con lo que estás haciendo, y que confíes en que realmente estás realizando la sanación. Mientras trabajas, continúa comprobando que tu paciente se siente cómodo, especialmente cuando trabajes alrededor de su cabeza, porque puede ser una zona muy sensible.

ALISAR EL AURA

Esta es una de las técnicas de sanación más simples, pero más eficaces, que puedes usar. Está especialmente indicada cuando una

Puedes curarte trabajando el aura en torno a la zona de tu cuerpo que se ha visto afectada.

TÉCNICAS DE SANACIÓN

zona del aura es prominente, está caliente o sientes que de algún modo es discordante. Por ejemplo, podrías usarla para curar una picadura de avispa o un corte. Mantén la palma como a unos 5 cm de distancia de la parte del cuerpo afectada y úsala para alisar el aura. Mueve la mano haciendo caricias largas y firmes hasta que tu aura empiece a sentirse mejor. Mientras trabajas, sé consciente de que tus acciones están teniendo un efecto benéfico.

ENFOCARSE EN EL AURA

Esta es otra simple técnica que produce resultados impresionantes. Es extremadamente beneficiosa cuando deseas calmar una zona del aura. La persona que recibe la curación puede notar una intensa sensación de calidez procedente de tu mano, aunque no esté en contacto con su cuerpo. Pon la palma como a 5 cm por encima de la zona que deseas sanar y déjala allí. Imagina que la energía curativa fluye hacia abajo a través de la coronilla de tu cabeza y sale por tus palmas hacia el aura de la persona.

DESHACER LOS BLOQUEOS

Si una zona del aura está pesada, como si la energía estuviera bloqueada o perezosa,

Cuando das una sesión de sanación es conveniente comprobar la energía de cada chakra.

Siempre es mejor avisar a tu paciente antes de empezar a hacer ruido, como cuando das palmadas.

tienes que romper esa energía para volver a movilizarla. Puedes hacerlo dando palmadas con las manos, frotándolas o chasqueando los dedos a través del aura, lo que sientas más adecuado. Alterna entre deshacer la energía y testear para ver cómo la notas. Si tienes dudas, pídele *feedback* al paciente.

RETIRAR LA ENERGÍA ESTANCADA

A veces la mejor manera de trabajar con la energía estancada, pesada o bloqueada, es sacarla del aura con las manos e imaginar que la echas en un cubo imaginario. Esto es tremendamente eficaz, especialmente si bañas la zona afectada con luz dorada después de haber acabado de trabajarla.

Mientras ejercitas, tal vez te llegue una impresión mental de lo que estás retirando. Por ejemplo, podrías sentir que el estómago de tu paciente está lleno de piedras, que tú retiras y pones en el cubo imaginario. También puede parecerte que un esguince de muñeca contiene largas agujas que tienes que extraer con cuidado. Confía en tu intuición, más que en tu mente lógica, y retira delicadamente esos cuerpos energéticos extraños. Con-

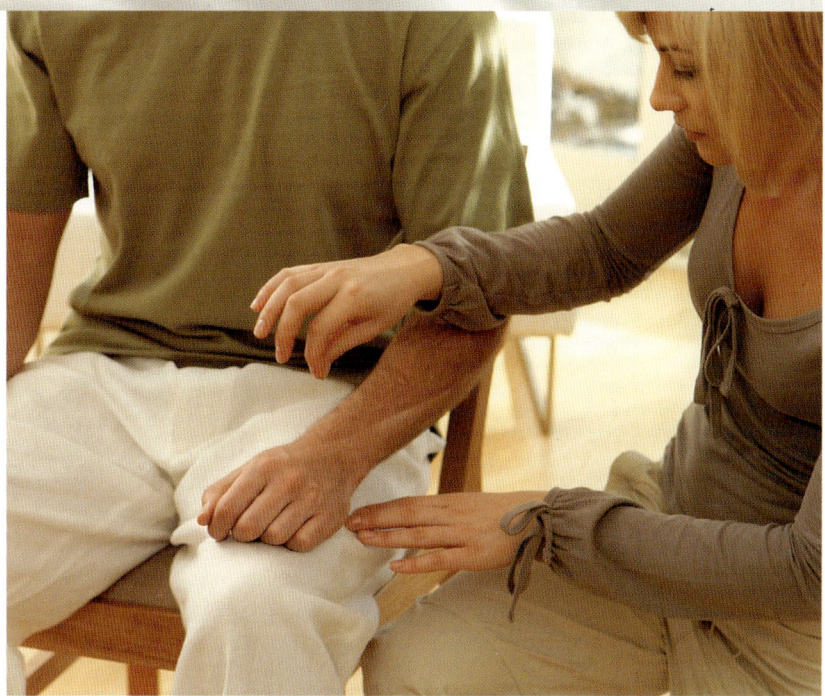

tinúa hasta que sientas el aura limpia. Pide que la energía que has depositado en el cubo sea retirada y reciclada cuidadosamente.

DEJAR TU MANO EN EL AURA

Los problemas del aura no siempre se resuelven en una sesión de sanación. Si estás sanando una dolencia a largo plazo, puedes dejar mentalmente las manos en

No te preocupes si tus técnicas de sanación le parecen extrañas a tu paciente.

el aura de la persona al final de la sesión. Simplemente pon las manos encima de la zona afectada del cuerpo y déjalas allí mentalmente. El efecto curativo de tus manos continuará, aunque las hayas retirado físicamente.

Examinar tu cuerpo psíquicamente

Existen varias maneras de examinar tu propio cuerpo psíquicamente. El método elegido dependerá de cómo funcione tu mente. ¿Te resulta más fácil sentir la energía con las manos, verla con el ojo de tu mente o verla realmente en tu aura? Elige el proceso que mejor funcione para ti y cree que lo que haces está ocurriendo realmente. Recuerda que la energía sigue al pensamiento.

ESCANEAR TU CUERPO

En este ejercicio pasas las manos lentamente por tu aura, sintiendo su energía. Estás buscando puntos calientes o fríos, zonas pesadas o cualquier otra sensación que te resulte extraña, incómoda o poco habitual.

1 Ponte de pie con los pies separados a la distancia aproximada de tus hombros. Toma tierra y céntrate (véanse páginas 24-25).

2 Usando tu mano dominante (la mano con la que escribes), empieza a moverla sobre tu cuerpo, manteniéndola siempre a corta distancia de la piel. Presta mucha atención a las sensaciones de tu mano.

3 Trabaja sistemáticamente descendiendo por tu brazo no dominante, y a continuación cambia de mano y escanea tu brazo dominante. Ahora escanea la parte anterior del tronco y cada una de las piernas, usando tu mano dominante siempre que sea posible. Además, no te olvides de escanear también las plantas de los pies.

4 Resulta más difícil escanearte la espalda, especialmente si no eres muy flexible. Estira los brazos para poder sentir toda la superficie de tu espalda que puedas.

5 Cuando encuentres una zona problemática, usa la técnica curativa que te parezca más apropiada (véanse páginas 138-141).

Mientras estás trabajando, sé consciente de que en esos momentos estás sanando tu cuerpo.

6 Cuando hayas acabado, da las gracias por ser capaz de sentir la energía y vuelve a sentirte de nuevo en contacto con la tierra.

ESCANEAR LOS CHAKRAS

Este es un ejercicio muy bueno si quieres sintonizar con el estado de tus chakras. Te enseña a usar la palma de la mano para evaluar la energía de cada chakra y sintonizar con cómo está girando. Cuanto más practiques este ejercicio, más sensibles se volverán las palmas de tus manos. Los chakras sanos giran en círculos. Sin embargo, muy a menudo, nuestros chakras pueden mostrarse perezosos y desarrollar un giro excéntrico que tiene que ser reajustado. Puedes hacer esto modulando mentalmente el giro hasta que sea uniforme y circular.

1 Siéntate en una silla confortable o ponte de pie con las piernas ligeramente separadas. Toma tierra y céntrate, como antes.

2 Pon la palma de la mano dominante cerca de tu chakra básico (páginas 66-67), entre tus piernas, pero sin llegar a tocar el cuerpo. Nota las sensaciones que te llegan. No te preocupes si no puedes sentir nada: simplemente imagina que tu chakra básico está girando bien.

3 Lleva tu mano hasta el chakra sacro (véanse páginas 68-69) y repite el ejercicio. Sintoniza con las sensaciones que estás sintiendo en la palma, y ajusta el giro del chakra si fuera necesario.

4 Ve subiendo por el cuerpo hasta llegar al chakra garganta (véanse páginas 74-75). El aura alrededor de tu cabeza es muy sensible, de modo que en este punto tal vez te resulte más cómodo alejar la mano un poco más del cuerpo.

5 Cuando llegues al chakra coronario (véanse páginas 78-79), usa ambas manos para sentirlo. Sostenlas a los lados de la cabeza y sintoniza con el giro de tu chakra coronario. Es posible que lo sientas girar entre tus manos.

6 Allí donde encuentres una zona problemática, usa cualquiera de las técnicas de sanación (véanse páginas 138-141) que te parezca apropiada. A medida que vayas trabajando, ten presente que estás sanando tu cuerpo.

7 Una vez que hayas terminado, da gracias por la energía curativa y vuelve a tomar tierra.

USA EL OJO DE TU MENTE

Es posible que te sientas mejor usando el ojo de tu mente, en lugar de utilizar las manos, para escanear el cuerpo. Este método es tan eficaz como cualquier otro, pero debes aprender a confiar en las impresiones que recibes en tu interior.

1 Siéntate cómodamente con los dos pies planos en el suelo; toma tierra y céntrate, como antes. Puedes trabajar con los ojos abiertos o cerrados, lo que te resulte más natural.

2 Prueba uno de los dos métodos de examinar tu cuerpo con el ojo de tu mente. El primero consiste en mover tu atención sucesivamente alrededor de cada zona de tu cuerpo, trabajando lentamente. ¿Qué sensación te produce? ¿Eres consciente de alguna zona tensa, dolorida o incómoda? El segundo método consiste en imaginar que puedes ver tu propio cuerpo energético, de modo que estás mirando tu aura y sus chakras. ¿Qué aspecto tiene? ¿Están los chakras girando adecuadamente? ¿Tienes el aura limpia o contiene áreas de energía bloqueada?

3 Cuando encuentres una zona problemática, usa cualquier técnica curativa (véanse páginas 138-141) que te parezca apropiada. Mientras trabajas, ten presente que están sanando tu cuerpo.

4 Cuando hayas acabado el ejercicio, da gracias y vuelve a sentir el contacto con la tierra.

OBSERVAR TU AURA

En este ejercicio miras tu propia aura. Esto te resultará más fácil si trabajas delante de un espejo de cuerpo completo, y si tienes acceso a otro espejo que puedas mover a tu alrededor para verte la espalda.

1 Ponte de pie delante del espejo con los pies separados a la distancia aproximada de las caderas, y las rodillas ligeramente dobladas; siente el contacto con la tierra y céntrate, como antes.

2 Empieza mirando el aura que rodea tu cabeza. Acuérdate de dejar que tus ojos se relajen para no mirar directamente al espacio que rodea tu cabeza; estás mirando más allá de él.

3 Ahora mira sucesivamente el aura que rodea cada parte de tu cuerpo. ¿Qué aspecto tiene? ¿Puedes ver alguna zona oscura de energía bloqueada, o áreas donde tu aura es más fina y menos fuerte? Comprueba que tu aura se extiende descendiendo por las piernas y llega por debajo de tus pies, y que no hay agujeros ni desgarros en ella.

4 Cuando encuentres una zona problemática, usa cualquier técnica de sanación (véanse páginas 138-141) que te parezca apropiada. Mientras trabajas, ten presente que estás sanando tu cuerpo.

5 Cuando hayas terminado, da gracias y vuelve a sentir el contacto con la tierra.

Sanación a distancia

Toda sanación involucra el uso de la energía, de modo que es igualmente eficaz cuando el sanador y el paciente están en la misma habitación (lo que se conoce como «sanación con contacto»), o cuando están muy lejos (lo que se conoce como «sanación a distancia»). Al principio este concepto puede resultar difícil de entender, especialmente si el único tipo de sanación que has experimentado es la consulta médica cara a cara. ¿Cómo puede un curandero darte una sesión de sanación estando muy lejos de ti?

La energía sigue al pensamiento, de modo que el curandero solo tiene que pensar en la persona a la que quiere dar una sesión para que la sanación la alcance. Cuanto más frecuentemente envíe el curandero esa energía, más fuerte será la conexión con el paciente.

La sanación a distancia es extremadamente eficaz. De hecho, muchos sanadores descubren que la sanación a distancia tiene un impacto aún mayor en el paciente que la sanación con contacto directo. También es muy cómoda, porque el curandero puede enviar sanación al paciente en cualquier momento y lugar.

Cuando des sanación a distancia, imagina siempre que tu paciente tiene una salud óptima.

Puedes enviar sanación a distancia a una persona mientras hablas con ella por teléfono.

La ética de la sanación a distancia

Las directrices éticas que se han dado para la sanación con contacto (véanse páginas 134-135) se aplican igualmente a la sanación a distancia. En cualquier caso, la regla más importante es que el curandero no debe enviar sanación a una persona sin su permiso. Esto puede resultar difícil de entender, y a veces puede parecer un contrasentido. Si eres curandero y ves que alguien está afligido, ¿no es natural que desees enviarle energía sanadora? Bien, pues no. Si le das una sesión sin su permiso estás pasando por alto su libre albedrío. En cambio, lo que sí puedes hacer es enviarle amor, o pedir a Dios (o a los ángeles de sanación) que le ayuden.

A veces es posible que desees enviar sanación a algún ser querido, y sin embargo, por algún motivo, no puedes pedirle permiso. En este caso, puedes preguntar mentalmente a su yo superior si le gustaría recibir la sanación. Siempre recibirás una respuesta, y debes respetarla si es claramente un «no».

Enviar sanación a distancia

Existen varias maneras de enviar sanación a distancia. Tal como ocurre en la sanación con contacto, tienes que averiguar qué sistema funciona mejor para ti. Puede ser diferente del método usado por otros sanadores que conozcas, pero eso no importa siempre que sigas las directrices éticas que se han expuesto en la página 149.

CREAR UN SANTUARIO

Puedes enviar energía sanadora en cualquier momento y lugar, pero al principio tal vez prefieras crear un santuario de paz en el que practicar la sanación a distancia. Esto incrementa tus cualidades espirituales, y te ayudará a entrar en un estado de ánimo más relajado, de modo que la sanación pueda fluir fácilmente sin tener que esforzarte en exceso. La sanación fluye mejor cuando estás relajado, y no cuando estás intentando enviarla forzadamente a otra persona.

Puedes convertir una pequeña esquina de una habitación en un santuario. Es posible que también desees usarlo para meditar, de modo que vaya acumulándose allí una energía poderosa. Tal vez puedas encender una vela mientras envías sanación, o quizá desees crear un pequeño altar donde poner fotografías que te inspiren. La elección es solo tuya.

SINTONIZAR A LA MISMA HORA

A muchos curanderos les gusta enviar sanación a distancia a la misma hora de cada día. Esto crea un ritual que permite acumular poder curativo, y de esta manera hay menos posibilidades de olvidarse de hacerlo. Basta con dedicar unos minutos a enviar energía, aunque siempre puedes dedicar más tiempo si lo deseas.

En cualquier caso, esto no significa que solo puedas enviar sanación cuando estés en tu santuario. Puedes enviarla estando en el autobús o caminando por la calle. Lo importante es la intención, no el entorno. Procura enviar siempre la sanación con amor, compasión y comprensión.

No hay necesidad de hacer un altar espectacular si no quieres llamar la atención.

ENVIAR SANACIÓN A DISTANCIA 151

ENVIAR ENERGÍA SANADORA A UNA PERSONA

1 Elige un momento en el que no vayas a ser molestado, y siéntate cómodamente con los dos pies apoyados en el suelo. Prepárate sintiendo el contacto con la tierra (véanse páginas 24-25), y después imagina que te bañas en una ducha de luz dorada, e imagina un rayo de luz curativa que te entra por la coronilla.

2 Cierra los ojos y, bien mentalmente o en voz alta, pide que sea enviada sanación a tu paciente. Pronuncia su nombre, pues esto establece una poderosa conexión energética entre vosotros.

3 Imagina que todo su cuerpo está siendo bañado por la luz sanadora. Alternativamente, concéntrate en el área de su cuerpo que necesita sanación. Imagínate trabajando en ella tal como lo harías si esa persona estuviese en la misma habitación que tú.

4 Contempla que el problema físico se disuelve y desaparece, siendo reemplazado por una salud radiante. Evita las palabras negativas. Por ejemplo, en lugar de decir: «Por favor, cura el cáncer de John Smith», deberías decir: «Por favor, envía salud perfecta a John Smith».

5 Cuando te sientas preparado para acabar, encierra mentalmente a tu paciente en una burbuja de luz dorada e imagina que se aleja de ti caminando por una arcada. Esto rompe el vínculo psíquico entre vosotros.

6 Dúchate mentalmente con la luz dorada y a continuación vuelve a tomar tierra. Da gracias por la curación.

7 Abre los ojos y estira los brazos y las piernas para volver completamente a tu cuerpo.

ENVIAR SANACIÓN A UN GRUPO

A medida que tengas más experiencia como sanador, invariablemente reunirás una lista de personas a las que desearás enviar sanación a distancia. Puedes hacerlo de dos maneras, pero en ambos métodos has de seguir la estructura básica que se ha delineado en la página anterior, incluyendo tu propia preparación para enviar sanación.

Para usar el primer método, pronuncia sucesivamente el nombre de cada persona. Cuando digas un nombre, imagina a esa persona bañada en luz sanadora. Contémplala feliz, fuerte y saludable; después obsérvala alejarse caminando por la arcada. Ahora pronuncia el nombre de la siguiente persona de tu lista, y repite el proceso. Continúa hasta haber enviado sanación a cada persona del grupo. Seguidamente acaba esta práctica de la manera habitual.

El segundo método se usa cuando hay mucha gente que quiere ser curada y no tienes tiempo para visualizar a cada uno de ellos individualmente. Escribe todos sus nombres en una hoja de papel, después pon la mano sobre el papel y pide que a todos ellos les sea enviada energía sanadora. Sé consciente de que esto está ocurriendo.

Ofrecer sanación a los animales

Los animales responden a la sanación tan rápidamente como los humanos. Y en muchos casos disfrutan y aceptan la sanación con mucha mejor predisposición que nosotros, de modo que son excelentes pacientes. No entran a preguntarse si están respondiendo al efecto placebo o si se habrían sentido mejor aunque no hubieran recibido la sanación. En la gran mayoría de los casos simplemente se relajan para empaparse de la energía sanadora.

POR QUÉ NECESITAN SANACIÓN LOS ANIMALES

Los animales enferman, tal como les ocurre a los humanos. También pueden sentirse cansados, desanimados, deprimidos, ansiosos, nerviosos, aburridos o emocionalmente dependientes y, si no se les trata, estos estados pueden acabar convirtiéndose en una

Siempre debes pedir ayuda al veterinario si el animal está sufriendo.

enfermedad física. Una de las mejores maneras de asegurarte de que tu mascota conserve la salud tanto física como mental es darle cada día una pequeña sanación con contacto manual. Esto es muy simple con los animales pequeños, como gatos y perros: pon una mano sobre el estómago del animal y la otra detrás de su cuello, y siente que la energía sanadora fluye entre tus manos. Adapta el procedimiento si lo haces con animales mayores, como caballos, poniendo las manos donde estén más cómodas.

Una cuestión legal

En la mayoría de los casos, los animales están protegidos por las leyes del país donde residen, porque dependen enteramente de la buena voluntad de sus dueños para recibir atención médica. Por tanto, hay leyes estrictas que gobiernan el cuidado y la sanación de los animales, aunque pueden cambiar de un país a otro. Por ejemplo, los dueños de animales domésticos en Reino Unido necesitan el permiso de su veterinario antes de llevar al animal a un homeópata veterinario o a un sanador de animales. En Estados Unidos la ley varía de un estado a otro.

En cualquier caso, no hay nada que te impida dar sanación con contacto manual a tus animales domésticos, siempre que consultes al veterinario los problemas que el animal pueda estar experimentando. Hay muchos ejemplos de animales que han respondido casi milagrosamente al toque sanador de sus dueños. También responden bien a la homeopatía y a los remedios florales, entre otros tratamientos complementarios. Pronto descubrirás los remedios más adecuados para tus animales domésticos.

Herramientas psíquicas

¿Qué son las herramientas psíquicas?

Dicho de manera simple, una herramienta psíquica es una objeto o una práctica que te permite establecer una fuerte conexión con tu intuición y con los reinos espirituales. Tal vez te ayude pensar en una herramienta psíquica como un puente entre la realidad de cada día y el espíritu. De hecho, la herramienta misma —tanto si es un cristal, como un péndulo o cualquier otra cosa que desees usar— no es psíquica. Simplemente facilita que tus capacidades psíquicas puedan fluir. Podrías imaginar que el péndulo o el cristal están haciendo todo el trabajo, pero en realidad lo estás haciendo tú. La herramienta elegida solo te muestra el resultado de tus capacidades psíquicas.

A medida que progreses y sientas más confianza en el uso de tus poderes psíquicos, te darás cuenta de que puedes dejar de usar algunas de las herramientas que hemos mencionado en esta sección. Por ejemplo, los chakras situados en tus manos (véanse páginas 64-65) podrían llegar a ser tan sensibles que no siempre necesitarás usar el péndulo para sentir la energía o para comprobar si un alimento es adecuado para ti.

ENCUENTRA LO QUE TE ENCAJA

Es conveniente experimentar con las distintas herramientas psíquicas hasta que encuentres aquellas con las que te sientas más cómodo. Es inevitable que sientas más afinidad con algunas de ellas que con otras, y tal vez descubras que tienes un don para usar tus capacidades psíquicas de una ma-

Los cristales son herramientas psíquicas muy eficaces si sientes afinidad con ellos.

nera particular. Lo que debes recordar es que ninguna herramienta psíquica es mejor que otra. El trabajo psíquico no es competitivo (aunque algunas personas pueden tomárselo así), y tampoco hay ningún orden jerárquico involucrado, haciendo que algunas herramientas sean más especiales o iluminadas que otras. Cada herramienta tiene sus propios dones y cualidades.

Simplemente es cuestión de encontrar cuáles te van mejor, y después, desarrollar tu relación con ellas para poder usarlas con confianza, éxito y disfrute.

Las cartas del tarot reflejan con precisión la dinámica de una situación, y permiten comprenderla.

Cristales

Los cristales son inmensamente eficaces. Transmiten un gran poder, y puedes entrenarte para detectarlo con las manos o para verlo con el ojo de tu mente. Por ejemplo, si pasas la palma sobre una amatista, sentirás una brisa fresca que irradia de ella.

Los cristales son creados por fuerzas geofísicas procedente del interior de la Tierra que a veces someten la corteza terrestre a enormes presiones. Guardan la memoria de las tremendas fuerzas que estuvieron involucradas en su creación, y por eso tienen tanta fuerza.

COMPRAR CRISTALES

Es posible que ya seas dueña de algunos cristales sin saberlo. Por ejemplo, es posible que tengas joyas decoradas con diamantes, zafiros, esmeraldas, rubíes o amatistas. Esta es una excelente manera de trabajar con ellos, y también hay muchos otros cristales que puedes adquirir como piezas de jo-

Un cristal de punta única es muy versátil, pero debes elegir uno que te guste.

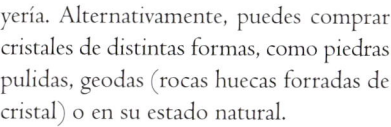

yería. Alternativamente, puedes comprar cristales de distintas formas, como piedras pulidas, geodas (rocas huecas forradas de cristal) o en su estado natural.

Podrías imaginar que cuanto mayor sea un cristal más poder tiene, pero esto no es cierto. Los cristales pequeños son igual de poderosos, y tienen la ventaja de ser fáciles de transportar, de modo que puedes llevártelos contigo si lo deseas.

Muchos comercios venden cristales, y merece visitar algunos de ellos para ver lo que ofrecen. Siente los distintos cristales, y no tengas miedo de preguntar si estás buscando un cristal que tenga una función específica, como la protección psíquica. También puedes comprar cristales por internet, pero asegúrate de poder devolverlos si no te gusta su energía. Es esencial que elijas el cristal adecuado: debes estar cómodo con él y sentirte atraído hacia él. Aunque pensarás que estás eligiendo el cristal, lo cierto es que es él el que te está eligiendo a ti. Por ejemplo, podrías fijarte en uno que parece brillar más o que tiene un aspecto más acogedor que los demás. O tal vez, mientras

El tamaño del cristal no guarda relación con su eficacia; cuanto más grande no es el mejor.

vas tocando distintos cristales dentro de un cuenco, sientes que uno salta a tu mano: ese es para ti.

Si quieres un cristal para un chakra particular (véanse páginas 64-81), debes elegirlo del color correspondiente.

CÓMO CUIDAR DE TUS CRISTALES

Los cristales absorben la energía que les rodea, y por eso son tan eficaces para curar, de modo que cuando te los lleves a casa es muy importante limpiarlos, porque estarán empapados de energía de la tienda y de las personas que los han manipulado. A medida que trabajes con ellos, también absorberán tus energías, de modo que tendrás que limpiarlos periódicamente.

Algunos cristales pueden lavarse con agua corriente, pero otros se disolverán si les das ese tratamiento. Si no estás seguro de cómo cuidar de tus cristales, tal vez prefieras limpiarlos dejándolos a la luz de la Luna, o imaginándotelos bañados en luz blanca.

Comprueba que puedes lavar tus cristales con agua, pues a algunos de ellos este tratamiento podría dañarlos permanentemente.

Dedica tu cristal

Antes de empezar a trabajar con tu cristal debes decirle qué quieres que haga. Después de limpiarlo, sostenlo y envíale pensamientos amorosos. Ahora imagina una luz entrando en él desde tu tercer ojo o chakra del entrecejo (véanse páginas 76-77). Cuando estés preparado, di en voz alta: «Dedico este cristal a … [di lo que sea apropiado]. Que trabaje por el bien mayor de todos los implicados». Repite esta dedicación cada día y cada vez que trabajes con él para incrementar su poder.

CUALIDADES DE LOS CRISTALES

Los distintos cristales están asociados con distintos colores y cualidades, y con atributos curativos específicos. A continuación se describen algunos de los cristales curativos más populares.

Cuarzo claro

Este es un buen cristal para todo tipo de usos porque contiene todos los colores del espectro. Es muy eficaz para curar por ser un excelente conductor de la energía, y es adecuado en todos los chakras. Puedes usar un cuarzo claro de punta única para desenganchar energía estancada en tu aura.

Cornalina

La cornalina tiene variantes de color rojo, rosa, naranja y marrón. Es muy buena para tomar tierra y también es una excelente sanadora. Te dará coraje en momentos difíciles. La cornalina es una piedra poderosa para sanar el chakra básico.

Citrino

Como su color sugiere, este cristal naranja es un gran energetizador. Es animado, alegre, y fomenta el optimismo. El citrino también es un excelente cristal para atraer prosperidad a todos los niveles. Se trata de una piedra poderosa para usarla en curación, especialmente cuando se trabajan los chakras plexo solar, corazón y coronario.

Turmalina negra

Esta hermosa piedra es excelente para proporcionar contacto con la tierra y protección psíquica. Llévala en el bolsillo si tienes problemas con las personas que te rodean, porque te escudará de sus pensamientos negativos. Es un excelente cristal para usarlo en el chakra básico.

Amatista

La amatista se llevaba originalmente para prevenir la borrachera, y es excelente para inducir una sensación de calma y tranquilidad. Es una piedra benéfica que se puede

Cuarzo claro

Cornalina

Citrino

Turmalina negra

usar para curar y aliviar, especialmente cuando estás agitado y no puedes dormir. Es un buen cristal para trabajar con el chakra de la garganta.

Lapislázuli

Esta preciosa piedra azul incrementa las capacidades psíquicas y te ayuda a establecer contacto con los espíritus guía a través de tu chakra entrecejo. También está vinculada con el chakra garganta, y por tanto es excelente para fomentar cualquier tipo de comunicación.

Cuarzo rosa

Este es un cristal muy hermoso cuya función primaria es promover el amor incondicional y la compasión. Por consiguiente, está vinculado con el chakra corazón y cura los problemas relacionados con él, sean físicos o emocionales. El cuarzo rosa es muy útil en momentos de crisis porque instaura una sensación de calma.

Topacio

El topacio está disponible en muchos colores, entre los que se incluyen el amarillo, marrón, azul y verde. Es una piedra útil para curar los desórdenes digestivos, y también es excelente para potenciar la sabiduría y la intuición. Además, puedes usarlo para fortalecer tus afirmaciones y manifestar tus objetivos. Cuando se usa para curar está sintonizado con el chakra sacro.

Calcita

Puedes comprar este cristal con una variedad de colores, desde el rojo hasta el verde. Es un purificador muy eficaz, tanto del ambiente de una habitación como del estado emocional o mental de la persona. También te ayuda a plasmar las ideas en la realidad física, de modo que es excelente para hacer trabajo de prosperidad y visualización creativa, y también es eficaz para incrementar tus capacidades psíquicas. La calcita naranja tiene una gran afinidad con el chakra sacro.

Amatista

Lapislázuli

Cuarzo rosa

Topacio

Calcita

Radiestesia

La radiestesia es una de las habilidades más antiguas conocidas por los seres humanos. Es muy simple, pero notablemente eficaz. Las compañías de aguas usan la radiestesia para detectar fugas en las tuberías, las de petróleo para localizar nuevas reservas de crudo y otros depósitos minerales, y también la usan los sexadores de pollos que examinan los polluelos (usando el balanceo del péndulo para determinar su sexo) a una velocidad notable. También puede usarse en la vida cotidiana para rastrear objetos perdidos o para recibir respuestas a preguntas. De hecho, la radiestesia es inmensamente versátil. Incluso puedes usarla para descubrir qué alimentos son buenos para ti.

¿CÓMO SE USA?

La radiestesia es fácil de practicar con un péndulo, aunque también puedes usar un par de varillas de zahorí. El instrumento de radiestesia reacciona de una manera previamente especificada cuando localiza aquello que estás buscando. Un péndulo, por ejemplo, podría empezar a rotar en la dirección de las agujas del reloj y un par de varillas de radiestesia podrían saltar hacia arriba o cruzarse. Si tienes unos chakras muy sensibles en las manos (véanse páginas 64-65), tal vez compruebes que no necesitas el péndulo ni las varillas, y puedes sustituirlos por tus manos.

USAR EL PÉNDULO

El péndulo puede ser de latón, madera o cristal, y puede estar suspendido de una cuerda, hilo o cadena de metal. No importa de qué esté hecho, siempre que sea simétrico (para no alterar el balanceo) y lo suficientemente pesado como para oscilar adecuadamente y acumular un buen impulso. Necesitas una pieza de cuerda suficientemente larga para permitir que el péndulo se mueva con facilidad. Al igual que ocurre con otras herramientas psíquicas, elige el péndulo que sientas que es adecuado para ti.

Debes dedicar tiempo a entrenar tu péndulo para que siempre te dé respuestas precisas.

ENTRENAR EL PÉNDULO

Cuando empieces a usar el péndulo, debes entrenarlo para que reaccione del modo que tú quieres, de modo que sepas qué te está diciendo. Por tanto, debes entrenarlo para que te ofrezca las respuestas: «Sí», «No», «Pregunta tonta» o «Buscando». Las primeras dos respuestas son evidentes en sí mismas, y la respuesta «Buscando» te dirá que el péndulo está ocupado buscando lo que le hayas ordenado buscar. La respuesta «Pregunta tonta» podría parecer innecesaria, pero en realidad es muy útil. Tienes que saber cuándo has planteado a tu péndulo una pregunta que no puede responder, porque de otro modo podrías malinterpretar su respuesta. Por ejemplo, si planteas al péndulo una pregunta con muchas respuestas posibles, como: «¿Qué es mejor para mí, el té o el café?», no puede responderte, y te dirá «Pregunta tonta». Tendrás que dividir tu pregunta en dos mitades para obtener una respuesta adecuada. A veces, el péndulo te dirá «Pregunta tonta» por razones que no puedes elucidar. Cuando esto ocurra, puede deberse o bien a que el péndulo no está cooperando contigo (en cuyo caso tienes que seguir trabajando con él hasta que lo haga), o porque la pregunta ya ha sido respondida de alguna manera y tú no te has dado cuenta.

1 **La respuesta «Sí».** Empieza a entrenar tu péndulo para que te dé la respuesta «Sí». Sostén la cuerda ligeramente entre el pulgar y el índice, y después pide al péndulo que te muestre su balanceo del «Sí». Puedes pedírselo en voz alta o mentalmente, y a continuación deja que el péndulo se balancee. Observa cómo se estabiliza el balanceo siguiendo una pauta específica, como una rotación regular en la dirección de las agujas del reloj. Ahora repite el ejercicio. En el caso ideal, el péndulo se comportará igual que antes. Si no lo hace, debes detenerlo y volver a intentarlo. Es muy importante que dejes claro al péndulo que tú estás al mando. Continúa con este ejercicio hasta que siempre obtengas el mismo movimiento para la respuesta «Sí».

2 **La respuesta «No».** Ahora repite el ejercicio, pero pídele la respuesta «No». Usa exactamente la misma técnica que para la respuesta «Sí», pero ahora estás buscando otro balanceo. Por ejemplo, si el «Sí» es un balanceo circular en la dirección de las agujas del reloj, el «No» podría ser una balanceo elíptico en la dirección contraria a la de las agujas del reloj. Necesitas que estos dos balanceos sean notablemente diferentes para poder distinguirlos con claridad.

3 **Respuestas «Buscando» y «Pregunta tonta».** Continúa así para las respuestas «Buscando» y «Pregunta tonta». «Buscando» suele ser una balanceo amplio, como si el péndulo estuviera tratando de sentir el objeto deseado en el espacio. «Pregunta tonta» suele ser un balanceo indeterminado y vacilante.

4 Cuando hayas determinado las cuatro respuestas, puedes empezar a refinar tus técnicas. Pide al péndulo que te dé una respuesta, como «No», y después pídele que cambie su balanceo al «Sí». Cuanto más practiques de esta manera, mejor será tu conexión, y más eficaz será el péndulo.

MANTÉN LA MENTE CLARA

No permitas que tus pensamientos te distraigan mientras usas el péndulo. Si estás demasiado involucrado emocionalmente en la pregunta («¿Me quiere?», probablemente entraría en esta categoría), podrías afectar al resultado, de modo que es importante que mantengas tus pensamientos claros mientras esperas la respuesta.

TRABAJAR CON EL PÉNDULO

Cuando te sientas totalmente cómodo con el péndulo, y viceversa, ya es el momento de empezar a usarlo. Cuanto más lo uses, más práctica tendrás. No obstante, siempre debes recorrer las cuatro respuestas (véanse páginas 168-169), antes de plantear una pregunta, para comprobar que no han cambiado desde la última vez que lo usaste.

Además de plantear preguntas al péndulo sobre situaciones en las que estás involucrado, también puedes consultarle otros asuntos. Por ejemplo, puedes usar la radiestesia para determinar cuál es el remedio floral más adecuado para ti un día determinado. Si estás buscando una nueva casa, podrías usar la radiestesia sobre un mapa para determinar cuál es el mejor lugar donde buscar. Uno de los usos más útiles del péndulo es buscar objetos perdidos. Por ejemplo, si has perdido la caja de tus lentes de contacto en algún lugar de tu casa, puedes ponerte de pie sucesivamente en cada puerta y usar el péndulo para ver si se encuentra en esa habitación. Esto te

Los péndulos pueden tener muchas formas y tamaños. Elige uno con el que sientas que puedes trabajar.

ayudará a limitar la búsqueda. Cuando sepas en qué habitación está la caja, puedes caminar por ella con el péndulo en modalidad de «búsqueda» hasta que cambie al «Sí».

El péndulo es particularmente útil cuando estás buscando un objeto perdido.

Remedios florales

Se cree que el arte de usar remedios florales tuvo su origen miles de años atrás, aunque el interés por ellos no se recuperó hasta los años 30 del pasado siglo, cuando un médico y bacteriólogo británico empezó a explorar el potencial curativo de las flores. Se llamaba Edward Bach, y ahora su nombre es conocido en todo el mundo gracias a los 38 remedios florales que descubrió.

El doctor Bach buscaba plantas que curasen las dolencias de sus pacientes, y sabía que las recetaba más en función de la personalidad del paciente que en función de sus síntomas. Tenía un cuerpo tan sensible que fue capaz de descubrir las plantas que necesitaba simplemente tocándolas y registrando los efectos que tenían sobre él.

DESTILAR LA ESENCIA

Al principio, el doctor Bach decidió recoger el rocío que se posaba sobre las flores de las plantas al amanecer, porque sabía que contendría la esencia de la planta, pero pronto se dio cuenta de que este método no era muy práctico. Entonces puso las flores en un cuenco de agua y las dejó macerar al sol durante unas horas. El agua se cargaba de la esencia de la planta y era muy poderosa.

Cuando tomes un remedio floral puro, procura que el gotero no te toque la boca ni la lengua.

Muchos remedios florales son igualmente eficaces tomados en estado puro o disueltos en agua.

El doctor Bach acabó descubriendo 38 plantas, que juntas formaban un sistema perfecto para sanar todos los problemas emocionales, desde la posesividad hasta el desapego emocional, desde la timidez a la expresividad excesiva. Los remedios podían usarse en cualquier combinación, y se recetaban en función del estado emocional del paciente en el momento de la consulta. Los resultados eran drásticos, y los pacientes se curaban de sus dolencias físicas.

OTROS SISTEMAS

Los remedios del doctor Bach fueron creciendo gradualmente en popularidad, y desde entonces han inspirado otras series de remedios florales y esencias de todo el mundo. En Australia, Ian White dedicó muchos años a investigar los matorrales australianos después de haber recibido información sobre ellos mientras participaba regularmente en un círculo de sanación. Actualmente existen 50 esencias florales australianas, así como esencias combinadas que están diseñadas para propósitos específicos, como limpiar el equipaje emocional o generar abundancia.

¿CÓMO FUNCIONAN LOS REMEDIOS FLORALES?

Al principio puede ser difícil admitir que una pequeña botella que contiene una solución muy diluida de agua cargada de esencias flores pueda tener una efecto tan intenso en alguien, hasta el extremo de curar problemas físicos. Los remedios florales trabajan a nivel energético y vibran a una velocidad muy elevada, de modo que tienen rápidamente un efecto positivo sobre el aura. Tú mismo puedes sentirlo si tomas remedios florales: cuando tomas el remedio o lo frotas sobre la piel, la emoción que quieres tratar suele irse, como si hubiera sido lavada. Incluso el simple hecho de pensar en el remedio puede ser de ayuda.

¿CÓMO TOMARLOS?

Existen dos maneras principales de tomar los remedios florales. La primera es ingerirlos, bien depositándolos directamente sobre la lengua o mezclándolos con una bebida, como agua o té. La segunda es frotarlos sobre la piel o verterlos en el agua del baño.

La mayoría de los remedios vienen en botellas de esencia que pueden diluirse todavía más, pero consulta siempre las instrucciones del fabricante. Si tienes la intención de tomar el remedio durante varios días, es conveniente preparar una botella de tratamiento, pues hará que el remedio sea más eficaz. Para ello, llena un gotero de 25 ml de agua pura de manantial y después añade el número recomendado de gotas del remedio elegido. Toma cuatro gotas del gotero con toda la frecuencia que desees, y no menos de cuatro veces al día, hasta que sientas o bien que ya no lo necesitas o que has vaciado la botella y tienes que rellenarla.

Izquierda: pon un remedio floral en el agua del baño si no deseas ingerir el alcohol que lo conserva.

ELEGIR LOS REMEDIOS

Actualmente hay varios miles de remedios florales a la venta en todo el mundo, además de los elixires de gemas, que se preparan empapando gemas en agua. Prepárate para experimentar a fin de encontrar aquellos que mejor te vayan en función de tus necesidades del momento.

Puedes crear tu propio elixir de gemas dejando que estas se empapen de agua en un cuenco.

Escritura automática

Cuando practicas la escritura automática, sintonizas con algo que está más allá de ti. Aún existe un encendido debate respecto a si se produce la intervención de un espíritu guía o si es atribuible a tu propio inconsciente. Solo el tiempo lo dirá, cuando analices la calidad de lo escrito.

¿QUÉ ES LA ESCRITURA AUTOMÁTICA?

Originalmente la gente practicaba la escritura automática sentándose, con una pluma o lápiz sobre una hoja de papel y dejando que la mano se moviera, aparentemente por su propio impulso. Otro método era

Verdadera comunicación espiritual

En algunos casos raros la escritura automática es de tal naturaleza que la mano de la persona es guiada por la mano de un espíritu que se materializa parcialmente. Por tanto, es el espíritu el que escribe literalmente. Ahora bien, está claro que esto es la excepción más que la regla. Geraldine Cummins fue una famosa médium conocida en los años 20 por su escritura automática que supuestamente recibía comunicaciones de Felipe el Evangelista, Cleofás y F. W. H. Myers.

Otro ejemplo famoso de comunicación de los espíritus es el libro *Life in the World Unseen*. Fue comunicado a comienzos de los años 50 a su autor, Anthony Borgia, por Monsignor Robert Benson, que ya había pasado a los reinos espirituales y usando la escritura automática describió detalladamente lo que encontró allí.

---

usar una tabla de escritura espiritista: una tabla montada sobre ruedas con un receptáculo en el que encajaba un lápiz. La tabla se movía libremente sobre el papel mientras la mano descansaba sobre el lápiz. La escritura que se producía siempre era distinta de la escritura original de la persona.

Es posible que tus primeros intentos de practicar la escritura automática no logren gran cosa, pero mejorarán con el tiempo.

Actualmente es posible practicar la escritura automática con un ordenador, aunque, si quieres probarlo, lo ideal sería saber mecanografía. Detenerte a buscar cada letra antes de pulsarla ralentizará el flujo del mensaje. También te hará consciente de lo que estás escribiendo, y la clave de la escritura automática es dejar que fluya a través de ti. Ser consciente de lo que estás escribiendo significa que subconscientemente podrías bloquearlo, controlarlo a alterarlo.

PRACTICAR LA ESCRITURA AUTOMÁTICA

Como en el caso de todas las demás técnicas psíquicas que se describen en este libro, antes de empezar a practicar la escritura automática debes asegurarte de estar en contacto con la tierra, centrado y equilibrado (véanse páginas 24-25), y protegido (véanse páginas 104-109). No sabes con quién comunicarás, y por tanto tienes que protegerte de los espíritus revoltosos que podrían disfrutar confundiéndote.

La escritura automática no es algo a realizar en un momento ocioso o para reírse un rato, porque es posible que estés lidiando con una fuerza mucho mayor que tú. Ten paciencia; es posible que tus primeros intentos no produzcan algo de interés, pero mejorarán con el tiempo.

1 Reserva un rato en el que sepas que no vas a ser molestado. Siéntate cómodamente con un paquete de folios descansando sobre tus rodillas o sobre una mesa situada frente a ti. Asegúrate de que el bolígrafo funciona o de tener el lápiz afilado.

2 Toma tierra, equilíbrate y protégete. Es posible que también desees pronunciar una breve oración.

3 Cuando estés preparado, sostén el bolígrafo o el lápiz sobre el papel y pide a un espíritu guía que se acerque. Confía en que ese guía está contigo, aunque no puedas sentir nada, y empieza a plantearle algunas preguntas simples. Por ejemplo, es posible que quieras preguntarle su nombre y cómo puede ayudarte. Anota todas las respuestas que recibas, aunque te parezca que te las estás imaginando. Mientras escribes no trates de analizar ni de evaluar las respuestas que recibes. Detente transcurridos unos 30 minutos.

4 Transmite tu agradecimiento a tus guías por estar contigo y cierra tus chakras (páginas 188-189). Ahora puedes leer lo que has escrito. Aunque lógicamente estarás muy interesado en los mensajes recibidos, debes ejercer la discriminación con respecto a ellos. Los espíritus guía en ningún momento te dan órdenes ni te critican, de modo que deberías descartar los mensajes que aparetemente lo hagan.

Adivinación y lectura de la bola de cristal

Los seres humanos hemos practicado la adivinación durante siglos. Se trata de un procedimiento muy simple en el que se usa una superficie brillante que actúa como telón de fondo de las visiones que vienen a ti. Mira fijamente la superficie brillante de forma parecida a como miraste la zona que rodea al cuerpo humano en el ejercicio de percibir el aura (véanse páginas 84-85).

Originalmente los videntes usaban un cuenco de agua; así es como practicaban en el antiguo Egipto y en la antigua Grecia, y sigue siendo un método muy eficaz en nuestros días.

También puedes preferir seguir el ejemplo de muchos alquimistas y usar un espejo, o tal vez te guste trabajar con una bola de cristal.

ADIVINACIÓN CON AGUA
A muchos psíquicos de China y Oriente Medio les gusta practicar la adivinación con

Es posible que necesites tiempo para entrenarte en el arte de la adivinación, de modo que no esperes resultados inmediatos.

cuencos de agua. Puedes experimentar con el tamaño del cuenco hasta dar con el que te vaya mejor, pero su interior debería estar totalmente libre de decoraciones, porque eso podría distorsionar las imágenes que veas o sugerirte ideas. En el caso ideal, el cuenco debería ser de cristal o metal para crear una superficie reflectante. Si lo deseas, puedes practicar con un vaso de agua, pero en este caso usa ese vaso únicamente para practicar la adivinación, de modo que no recoja las energías de otras personas.

Usa agua limpia y fresca, filtrada o tal como sale del grifo. Si lo deseas, pueden bendecirla para cambiar su frecuencia energética. También puedes incrementar su carga psíquica dejándola a la luz del Sol o de la Luna antes de usarla.

ADIVINACIÓN CON UN ESPEJO

Este era el método utilizado por John Dee, el astrólogo y mago de la corte de la reina Isabel de Inglaterra. Dee no usaba un espejo ordinario, sino con la parte posterior negra en lugar de la superficie plateada que es habitual. Puedes fabricarte tu propio espejo negro retirando cuidadosamente el espejo de su marco y pintando la parte posterior con varias capas de pintura negra mate; vuelve a poner el espejo en su marco cuan-

Cuando practiques adivinación con un espejo, posiciónate para que no veas tu propio reflejo.

do la última capa de pintura se haya secado completamente.

Cuando uses un espejo para adivinación, no debes mirarlo directamente, porque entonces tu propio reflejo te distraerá. Siéntate a un lado para mirarlo desde cierto ángulo. Cuando no lo estés usando, cubre el espejo para impedir que atraiga demasiada energía del entorno.

ADIVINACIÓN CON LA BOLA DE CRISTAL

Las bolas de cristal pueden tener muchos tamaños y formas, pero es importante que uses la que te vaya mejor. Puede ser grande o pequeña, clara, opaca o coloreada. Tal vez te sientas atraído por una con muescas, o tal vez prefieras una que sea casi perfecta.

Cuando la lleves a casa, lávala delicadamente con agua caliente y jabonosa, y sécala con una tela suave. Maneja la bola de cristal para impregnarla con tu energía. Envuélvela en una tela de seda negra o púrpura cuando no la uses, y no dejes que otras personas la toquen. Cuanto más la uses, más receptiva será.

CÓMO LEER LA BOLA DE CRISTAL

El procedimiento es el mismo tanto si usas la bola de cristal como el espejo o el cuenco de agua.

1 Elige un momento en el que nadie vaya a molestarte. Toma tierra y céntrate de la manera habitual (véanse páginas 24-25).

2 Pon el espejo, el cuenco o la bola de cristal sobre una superficie oscura. Si trabajas por la noche, deja la luz al mínimo. Enciende una vela o una luz de noche, y déjala en un lugar seguro, fuera de tu visión inmediata para que no pueda distraerte.

3 Pon las manos en forma de copa alrededor del espejo, el cuenco o la bola de cristal. Toma varias respiraciones profundas y pide a tu espíritu guía que te ayude a realizar la lectura. Si tienes una pregunta, plantéala ahora.

4 Mira al espejo, al cuenco o a la bola y mantén la mente despejada. Nota cualquier sensación o pensamiento que puedan venir a ti. Date cuenta de cualquier imagen que veas en el ojo de tu mente, o que aparezca en tu herramienta de adivinación.

5 Detente después de transcurridos unos 20 minutos. Anota tus experiencias.

Formar un círculo psíquico

Los círculos psíquicos también se conocen como círculos de desarrollo, y suelen estar formados por personas que desean desarrollar sus capacidades psíquicas. Generalmente, trabajar en grupo potencia la energía psíquica de los individuos, que se animan al contemplar el progreso de sus compañeros.

Por su propia naturaleza, los círculos psíquicos atraen a personas sensibles. Es importante que todo el mundo se sienta cómodo con los demás participantes, y en el caso ideal no debería haber ningún choque entre las personalidades, puesto que podrían alterar la energía grupal y producir distracciones embarazosas.

CREAR UN ENTORNO
Es importante crear un entorno estructurado para el círculo psíquico, de modo que cada cual sepa lo que está haciendo. No llegaréis a ninguna parte si carecéis de estructura y el grupo pasa de un tema a otro sin

Tu círculo psíquico debería encontrarse a la misma hora cada semana.

orden ni concierto. Más bien, tenéis que planear con antelación, de modo que cada miembro sepa qué se espera de él en la reunión siguiente. De esta manera cada cual puede empezar a prepararse mentalmente para el encuentro, aunque sea a nivel inconsciente.

ESTABLECER EL TONO

Si queréis crear un círculo psíquico, es esencial que sepáis lo que estáis haciendo y que tratéis todo el proceso con respeto. No es un juego de salón, y debéis proceder con cuidado y buenas intenciones. Si ya formáis parte de un círculo psíquico, atraeréis a espíritus para que trabajen con vosotros, y querréis que esos espíritus sean tan benignos e iluminados como sea posible. Una de las mejores maneras de potenciar esto es asegurarse de que los participantes terrenales son igualmente benignos.

Aunque podrías imaginar que cualquiera que se interese por asuntos espirituales es automáticamente una persona agradable para convivir, por desgracia esto no siempre es así. Si tú eres el organizador del círculo psíquico, es conveniente entrevistar con antelación a cada participante para tener cierta idea de a quién incluir y a quién excluir. Esto puede parecer duro, pero los grupos pueden quedarse muy desequilibrados cuando una persona quiere estar bajo los focos en todo momento, cuando alguien se muestra abiertamente celoso de los progresos de los demás o cuando alguien trata de implantar una política de divide y vencerás.

ABRIR LA SESIÓN

Los miembros de los círculos psíquicos pueden necesitar varias semanas para estabilizarse en sus respectivas energías, pero después de eso generalmente establecen vínculos muy sólidos y amorosos. Esto significa que al comienzo de cada encuentro se ha de ofrecer la oportunidad de que cada cual comparta sus noticias y pueda chismorrear un rato. Asegúrate de que esto ocurra en otra habitación, no en la que vais a trabajar. Esto ayuda a separar el aspecto social del grupo de su lado serio.

Cread un programa fijo (página 188) para cada reunión y seguidlo siempre. Aunque cambiéis algunos elementos de la agenda (habiendo informado a todos anticipadamente), aseguraos de realizar siempre los mismos rituales de apertura y cierre. Sentaos en círculo, con la proximidad suficiente para que todo el mundo pueda darse las manos si es necesario. Es conveniente que

Desearéis compartir vuestras experiencias después de cada reunión.

cada cual se siente siempre en el mismo lugar para incrementar la sensación de familiaridad. Aseguraos de que todo el mundo tiene los dos pies en contacto con el suelo para asentar bien la energía. Si una participante es demasiado baja y los pies no le llegan al suelo, debe dejarlos descansar sobre un cojín.

Abrid y cerrad siempre la sesión con una oración para pedir protección psíquica y para pedir el mayor bien de todos los presentes. Al abrir la sesión, también podéis invitar a los espíritus guía de todos los participantes a acercarse y unirse al círculo (no os olvidéis de darles las gracias por su ayuda al final de la sesión).

ELEGIR UN PROGRAMA
Depende de ti y de tus compañeros decidir qué queréis hacer en vuestro círculo psíquico. En cualquier caso, muchos grupos obtienen buenos resultados si realizan una sesión de meditación (que puede ser en silencio o una visualización guiada) y después comentan brevemente sus experiencias de ella. A continuación podéis cultivar el desarrollo de vuestras capacidades psíquicas a través de actividades como la psicometría (véanse páginas 364-369), la lectura de las cartas del tarot (véanse páginas 192-199) y alguna forma de telepatía (véanse páginas 374-377).

A estas alturas ya habréis acumulado una energía intensa en la habitación, y es posible que deseéis usarla en la sanación a distancia (véanse páginas 150-153) hacia el final de la sesión. Esto es muy eficaz cuando una persona ofrece la visualización guiada y el resto de los participantes pronuncian los nombres de las personas a las que les gustaría enviar sanación.

CERRAR LOS CHAKRAS
Es esencial que cada participante cierre los chakras y tome tierra al final de cada sesión. Si no hace esto, sus chakras seguirán estando totalmente abiertos, haciéndole sensible a lo que ocurra a su alrededor, y quizá dejándole vulnerable a interferencias de las entidades desencarnadas.

La psicometría es un ejercicio excelente para todos los presentes en tu círculo psíquico.

La manera más fácil de realizar la ceremonia de clausura es que el líder dirija el proceso. Todo el mundo debe cerrar los ojos. A continuación, cada participante debe ser guiado a cerrar sucesivamente cada uno de los chakras, como si fueran flores cerrando sus pétalos, empezando por el chakra coronario. Después de que cada persona haya cerrado su chakra básico, debe imaginarse que es duchada por una luz dorada, que limpia cualquier energía psíquica residual. A continuación, todos deben tomar tierra, imaginando que desde las plantas de los pies les crecen unas raíces que se extienden hacia la tierra que les sustenta. Cuando cada participante esté en contacto con la tierra, puede estirarse, tomar una respiración profunda y reorientar gradualmente la atención hacia la habitación.

Si tus pies no pueden tocar el suelo, déjalos descansando sobre un cojín para sentirte en contacto con la tierra.

Llegados a este punto, todo el mundo estará ansioso por comentar sus experiencias, y cualquiera que tenga que irse rápidamente podrá hacerlo sin molestar a los demás.

Directrices útiles

Aquí se ofrecen algunas sugerencias para crear un círculo fuerte, gratificante y productivo.

Lo ideal es que el grupo se reúna regularmente: una vez por semana es perfecto. Todo el mundo debe esforzarse al máximo por asistir al grupo cada semana, porque las personas que entran y salen pueden alterar la energía del conjunto.

Aseguraos de que siempre os reunís en el mismo lugar y a la misma hora para establecer una sensación de continuidad. Usar siempre el mismo lugar de reunión animará a los espíritus guía de los participantes a visitar al grupo, porque sabrán que se trata de un evento regular.

Cada participante debe pagar una pequeña cantidad de dinero cada semana por asistir. Esto ayudará a costear el uso de las habitaciones y cualquier gasto adicional como la iluminación, la calefacción y los refrescos. También anima a los miembros del grupo a tomárselo en serio.

Nombrad a un líder del grupo, de modo que haya alguien encargado y responsable de notificar a todos cualquier cambio de plan de una semana para la siguiente.

El líder puede cambiar cada semana o cada mes para que cada cual tome su turno.

Estableced una hora de comienzo clara y observadla siempre. No es deseable que la gente llegue tarde porque eso altera el ambiente. Podéis decidir que quien llegue tarde espere a que se produzca un descanso en el proceso antes de unirse al grupo. No es conveniente que alguien entre repentinamente en la sala e interrumpa la meditación grupal.

Evitad beber alcohol antes del encuentro, porque nubla las percepciones y puede atraer entidades desencarnadas desagradables. Y no toméis comidas pesadas antes de acudir al grupo porque el cuerpo se concentrará en la digestión, lo que podría producir sueño.

El tarot

De los múltiples sistemas de adivinación que están a nuestra disposición, el tarot ha conservado una intensa aura de misterio y secretismo. Existe cierta confusión con respecto a sus orígenes, pero ha sido una herramienta psíquica muy popular desde la época medieval. Disfrutó de una creciente popularidad hacia finales del siglo XIX, cuando se exploró lo oculto en todas sus formas, y ahora está disfrutando de un resurgimiento

¿EN QUÉ CONSISTE?

El tarot es una baraja de 78 cartas que se dividen en dos secciones principales. Por una parte están los *arcanos mayores*, compuestos por 22 cartas, y por la otra los *arcanos menores*, compuestos por 56 cartas. Los arcanos mayores cuentan la historia de nuestro viaje por la vida, y algunos de los retos con los que nos encontramos por el camino. Comienzan con el El Loco, que sale al mundo con el entusiasmo y la inocencia de un

Es esencial trabajar con una baraja de cartas del tarot que te guste y sea fácil de leer.

niño y acaba con El Mundo, en el que la rueda del karma (la ley de causa y efecto) ha completado el círculo. Los arcanos mayores siempre están ilustrados de un modo que describe el significado de la carta.

Los arcanos menores se dividen en cuatro palos de 14 cartas cada uno. Cada palo (copas, bastos, espadas y pentáculos) está compuesto por diez cartas de «números» y cuatro cartas «de la corte». Se cree que los arcanos menores son los precursores de los juegos de cartas ordinarios, que suelen tener 52 cartas (estas cartas suelen tener tres cartas «de la corte» por cada palo), y ciertamente hay un fuerte vínculo entre los cuatro palos de unas y otras. Las copas están vinculadas con los corazones, los bastos con los tréboles, las espadas con las picas y los pentáculos con los diamantes. Los arcanos menores tratan sobre las situaciones concretas con las que nos encontramos en la vida, como hacer planes, afrontar pérdidas, sentimientos de preocupación, o el logro de la prosperidad y la realización. En algunas barajas del tarot todas las cartas de los arcanos menores tienen ilustraciones desde las plantas de los pies, mientras que otras tienen las cartas numerales sin ilustrar e ilustran solo las cartas de la corte.

En la tirada de tarot, la posición de cada carta tiene un significado particular.

TRABAJAR CON EL TAROT

Empezar a trabajar con el tarot puede resultar imponente, porque tienes que recordar el significado de las 78 cartas. Algunos usan solo los 22 arcanos mayores, pero estos no dan las lecturas detalladas que se pueden obtener usando todas las cartas.

Las cartas se extienden siguiendo estructuras concretas conocidas como tiradas; después se interpreta el significado de cada carta por su posición en la tirada. Puedes leer las cartas para ti mismo o para otros. A medida que practiques y adquieras confianza, tus lecturas serán más ricas e intuitivas.

El espacio solo permite dar una pequeña explicación de cada carta. Puedes ampliarlas tú mismo, bien usando tu intuición o consultando alguna guía pormenorizada del tarot.

Los arcanos mayores

Carta	Significado
El Loco	Un nuevo comienzo, con optimismo y confianza como de niño.
El Mago	Tienes más poder y versatilidad de lo que crees.
La Suma Sacerdotisa	Toma nota de tus sueños, intuiciones y guía interna; confía en tus instintos.
La Emperatriz	Es la hora de la creatividad y de la abundancia a cualquier nivel.
El Emperador	Acepta tu autoridad y reconoce tu poder.
El Hierofante	Adopta una aproximación convencional, tradicional y cuidadosa hacia las situaciones.
Los Amantes	Un vínculo emocional fuerte o una elección.
El Carro	Afronta el trabajo duro y las experiencias difíciles con fuerza de voluntad.
Fuerza	Recurre a la fuerza de tu propósito para superar las contrariedades y triunfar.
El Ermitaño	Algún tipo de iluminación, sea espiritual o educativa
Rueda de la Fortuna	Una situación está a punto de cambiar. Nada permanece igual.

Carta	Significado
Justicia	Compórtate de manera justa y equilibrada. No juzgues a los demás.
El Colgado	Tienes que ver la situación desde otro ángulo.
Muerte	Un tiempo de profundo cambio psicológico y transformación.
Templanza	Lleva más equilibrio y moderación a tu vida.
El Diablo	Te sientes esclavizado por una situación, pero puedes liberarte de ella.
La Torre	Sucesos repentinos y dramáticos podrían causar una pérdida de estatus o un cambio de suerte.
La Estrella	Un sueño podría hacerse realidad, o una situación difícil mejorará. También indica una recuperación de la enfermedad.
La Luna	Las cosas no son lo que parecen. Hay una posibilidad de sufrir engaños y confusión.
El Sol	Pronto sentirás más alegría, creatividad y satisfacción.
Juicio	No juzgues a los demás con dureza. Es posible que se produzca algún tipo de renacimiento.
El Mundo	Éxito en el mundo, o final de un ciclo y comienzo de otro.

Arcanos menores: bastos

Carta	Significado
As	Un nuevo proyecto interesante e innovador, o unas vacaciones, o un viaje.
Dos	Haz inventario de lo conseguido y de lo que aún te queda por hacer.
Tres	Has conseguido mucho, pero aún te queda mucho camino por delante.
Cuatro	Celebra tus logros después de un periodo de duro trabajo.
Cinco	La vida es una lucha. Esta es una fase en la que nada sale como lo tenías planeado.
Seis	Éxito, o bien porque mejoran las perspectivas laborales o porque mejora tu estatus.
Siete	Tienes que esquivar a los competidores y rivales esforzándote más.
Ocho	La vida es muy ajetreada y las cosas se suceden con rapidez. Es probable que realices algún viaje.
Nueve	Te sientes limitado por las circunstancias difíciles. No corras riesgos.
Diez	Hay una pesada carga que te abruma, pero puedes quitártela de encima.
Sota	Una persona joven y vital, o una nueva empresa o idea.
Caballo	Un viaje de algún tipo, o alguien que está lleno de buenas ideas.
Reina	Alguien que combina las labores domésticas con algún otro interés.
Rey	Alguien vital, entusiasta y lleno de planes.

Arcanos menores: pentáculos

Carta	Significado
As	Un nuevo proyecto comercial o cualquier otra cosa de valor material.
Dos	Tienes que revisar tus finanzas o distribuir mejor tu tiempo. Esfuérzate por conseguir el equilibrio.
Tres	La división entre las primeras etapas de un proyecto y el paso siguiente.
Cuatro	Seguridad económica, pero renuencia a correr riesgos o a escapar de una situación que se repite.
Cinco	No te dejes atrapar tanto por los problemas que no te des cuenta de lo que está ocurriendo a tu alrededor.
Seis	Pronto vas a dar o recibir dinero.
Siete	¿Estás haciendo el mejor uso posible de tus dones y habilidades?
Ocho	Una época de aprendizaje. Descubre un nuevo talento dentro de ti.
Nueve	Triunfo y orgullo por tus logros. Posible cambio de casa.
Diez	Compleción. Abundancia, éxito y vida familiar feliz.
Sota	Una persona joven y fiable, o la recepción de una pequeña cantidad de dinero.
Caballo	Una situación que se ha quedado empantanada. Una persona cauta.
Reina	Alguien que tiene éxito en los negocios y trabaja duro.
Rey	Alguien que disfruta de prosperidad material.

Arcanos menores: espadas

Carta	Significado
As	Una nueva idea que será absorbente. Una decisión difícil o una preocupación.
Dos	Incapacidad de progresar por miedo a mirar lo que está mal.
Tres	Una época oscura, a menudo asociada con una traición, deserción o engaño.
Cuatro	Un descanso merecido después de un periodo de duro trabajo o de enfermedad.
Cinco	Necesidad de afrontar tus limitaciones y una posible pérdida de estatus.
Seis	Los tiempos difíciles acabarán pronto. A veces indica un cambio de residencia.
Siete	Afina tus tácticas y usa tu inteligencia.
Ocho	El miedo te está impidiendo liberarte de tu situación actual.
Nueve	Las preocupaciones se ciernen sobre ti, pero no son tan malas como parecen.
Diez	Un fin de ciclo difícil, que lleva a tiempos más positivos.
Sota	Lee con cuidado la letra pequeña de los acuerdos. Una persona joven e inteligente.
Caballo	Una situación que comienza rápidamente, avanza al galope y acaba con la misma rapidez.
Reina	Lecciones valiosas aprendidas en la adversidad.
Rey	Necesidad de consultar a un experto.

Arcanos menores: copas

Carta	Significado
As	El comienzo de una relación o unión feliz; puede tratarse de una aventura amorosa.
Dos	Pronto se firmará un contrato exitoso. Una asociación amistosa.
Tres	Una amistad feliz, o el alivio que sigue a la resolución de un problema.
Cuatro	Incapacidad de apreciar todo lo que la vida tiene que ofrecer.
Cinco	Una situación ha acabado con dolor, pero has podido salvar algo.
Seis	El pasado. O bien se está reviviendo algo o alguien está siendo demasiado nostálgico.
Siete	Se te ofrecerán varias oportunidades, pero debes elegir sabiamente.
Ocho	En una relación se ha acabado un ciclo y es hora de seguir adelante.
Nueve	Felicidad, estabilidad y satisfacción. Es posible que pronto consigas algo que ambicionabas.
Diez	Un logro maravilloso que te aporta satisfacción emocional.
Sota	Una persona joven y creativa o el comienzo de una empresa creativa o espiritual.
Caballo	Una oportunidad con posibilidades creativas, espirituales o emocionales.
Reina	Alguien compasivo y probablemente con poderes psíquicos.
Rey	Alguien que tiene autoridad, pero que se esfuerza por mostrar sus emociones.

I Ching

Este antiguo arte adivinatorio chino es notablemente informativo, preciso y útil. Su título se traduce como *Libro de las Mutaciones*, porque refleja los numerosos cambios que nos ocurren a lo largo de nuestra vida. Una lectura tradicional del *I Ching* es mucho más complicada que las interpretaciones que aquí se ofrecen, pero está más allá del ámbito de este libro extenderse más sobre el tema. No obstante, se han publicado diversos libros sobre el *I Ching*, desde algunos muy complejos y detallados hasta otros más simples.

Cuando vayas a consultar el *I Ching*, plantea una pregunta y a continuación lanzas tres monedas seis veces. Cada vez que lanzas las tres monedas creas una línea del hexagrama (un grupo de seis líneas continuas o discontinuas). La línea es continua o discontinua dependiendo del valor de la tirada. Una vez que has lanzado las tres monedas seis veces, ya has creado el hexagrama. A continuación, revisa la tabla de la página 202 para descubrir qué hexagrama has creado, y consulta su significado en la lista que viene en las páginas 203-207.

Acuérdate siempre de crear tu hexagrama empezando por la línea de más abajo.

Tirada del *I Ching*

Lo único que necesitas son tres monedas, cada una de ellas con la cara y la cruz claramente definidas, una hoja de papel y un bolígrafo. Al dibujar el hexagrama siempre tienes que ir de abajo hacia arriba. Esto significa que la primera tirada de monedas te da la línea de abajo (o sexta) del hexagrama, y la última tirada de monedas te da la línea superior (o primera).

Decide qué lado de las monedas es la cara y cuál es la cruz. Lanza las monedas por primera vez y cuenta su valor siguiendo las directrices que se ofrecen a continuación. Como ejemplo, digamos que tu primera tirada es dos caras (cada una con un valor de 2) y una cruz (con un valor de 3). Esto suma 7 (2+2+3), que es un número impar, por lo que has de dibujar una línea continua. Vuelve a tirar las monedas para generar la siguiente línea del hexagrama, y continúa así hasta haber conseguido dibujar las seis líneas.

Cara = 2
Cruz = 3
Número par = línea discontinua
Número impar = línea continua

Para encontrar tu hexagrama, busca sus tres líneas superiores (trigrama superior) a lo largo de la fila superior de la tabla siguiente, y sus tres líneas inferiores (trigrama inferior) a lo largo de la columna de la izquierda de la tabla. El cuadrado donde se cruzan ambas líneas te da el número del hexagrama.

Trigramas superiores

Trigramas inferiores	Ch'ien	Chên	K'an	Kên	K'un	Sun	Li	Tui
Ch'ien	1	34	5	26	11	9	14	43
Chên	25	51	3	27	24	42	21	17
K'an	6	40	29	4	7	59	64	47
Kên	33	62	39	52	15	53	56	31
K'un	12	16	8	23	2	20	35	45
Sun	44	32	48	18	46	57	50	28
Li	13	55	63	22	36	37	30	49
Tui	10	54	60	41	19	61	38	58

Los hexagramas

Aquí se ofrecen breves explicaciones de cada uno de los 64 hexagramas, junto con sus nombres chinos. Puedes usar tu intuición para ampliar su significado o consultar un libro sobre el *I Ching* que te ofrezca más detalles. Tómate algún tiempo para considerar cómo se relaciona el mensaje del hexagrama con tu pregunta.

 1 Ch'in. Todo va bien. Estás encaminado hacia el éxito.

 2 K'un. Para triunfar, sigue el camino que ha sido establecido para ti.

 3 Chun. A pesar de un mal comienzo, tu proyecto tendrá éxito.

 4 Mëng. Alguien necesita tu experiencia y tus consejos.

 5 Hsü. Tómate las cosas con calma y delicadeza. Espera al momento adecuado para actuar.

 6 Sung. Cede en una discusión y no te muestres vengativo.

 7 Shih. Toma el control de la situación y contrólate.

 8 Pi. El trabajo en equipo es mejor que la acción en solitario.

 9 Hsiao Ch'u. Sé paciente, contente y adopta una actitud comedida.

 10 Lü. Compórtate con propiedad y procede con cautela.

11 T'ai. Las dificultades se están disipando. Tu reputación está empezando a crecer.

12 P'i. Afrontas un punto muerto porque otros están siendo mezquinos.

13 T'ung Jên. Sé claro, honesto y honorable en tus relaciones.

14 Ta Yu. Recibirás abundancia a muchos niveles.

15 Ch'ien. Es mejor ser modesto y humilde que ser pomposo.

16 Yü. Consigue la ayuda de otros entusiasmándoles con tu visión.

17 Sui. Tu conciencia es la mejor guía para tu conducta.

18 Ku. Espera tres días antes de reparar el daño causado por errores anteriores.

19 Lin. Adoptar el planteamiento correcto te llevará a la alegría y al éxito.

20 Kuan. No desperdicies tu tiempo en cosas que están más allá de tu control.

21 Shih Ho. Debes superar obstáculos antes de triunfar.

22 Pi. No juzgues a las personas ni a los proyectos por su apariencia superficial.

23 Po. Algo debe concluir antes de que tú emprendas algo nuevo.

24 Fu. La situación está mejorando y vuelves a tener una racha ganadora.

25 Wu Wang. Actúa con honestidad e integridad si quieres conseguir el éxito.

26 Ta Ch'u. Aumenta el número de tus conocidos y compañeros de trabajo.

27 I. Nutre a los demás y nútrete a ti mismo de todas las maneras posibles, pero hazlo con moderación.

28 Ta Kuo. Una situación se está volviendo demasiado estresante para ti. Pide ayuda.

29 K'an. La vida es dura, pero sobrevivirás si eres honesto y mantienes la cabeza en su lugar.

30 Li. No tiene sentido luchar contra el orden natural de las cosas.

31 Hsien. Te sientes atraído hacia alguien, pero debes dejar que la naturaleza siga su curso.

32 Hêng. La situación actual es el mejor camino hacia el éxito y la prosperidad.

33 Tun. Retirarte a tiempo es la mejor táctica en este momento.

34 Ta Chuang. No confundas el poder con el derecho. Compórtate honorablemente.

35 Chin. Actúa por el bienestar de otros y también por el tuyo propio.

36 Ming I. Sé modesto y de momento deja tus ambiciones a un lado.

37 Chia Jên. Si quieres triunfar, no trates de ser algo que no eres.

38 K'uei. Pequeños pasos te permitirán superar tus problemas actuales.

39 Chien. Evita un obstáculo importante y sigue otro curso distinto.

40 Hsieh. No introduzcas nuevos planes; enfócate en los acuerdos existentes.

41 Sun. Introduce conscientemente reducciones en diversas áreas de tu vida.

42 I. Todo va bien y conseguirás el éxito. Sé generoso.

43 Kuai. Enfócate en la verdad; sé honesto, serio y sincero.

44 Kou. No te hagas socio de personas a las que acabas de conocer.

45 Ts'ui. Reúnete con otros y muéstrales tu respeto.

46 Shêng. El éxito está de camino. Pasarás una prueba con sobresaliente.

47 K'un. Acepta la situación actual y sé optimista con respecto al futuro.

48 Ching. Hay más que suficiente para todos. No seas avaricioso.

49 Kô. Este es un buen momento para introducir cambios graduales en tu vida.

50 Ting. Introduce cambios que alimentarán a todos, incluyéndote a ti mismo.

51 Chên. Lo que parece una conmoción acabará llevando a la paz una vez más.

52 Kên. Mantente en el aquí y ahora. Sabe cuándo actuar y cuándo descansar.

53 Chien. Haz las cosas en su orden correcto. El progreso será lento pero constante.

 54 Kuei Mei. Abandona un nuevo proyecto si tiene demasiados inconvenientes.

 55 Fêng. Comparte tu buena suerte con los demás. No dejes que te preocupe el perder.

 56 Lü. La humildad, la integridad y la perseverancia conducen al éxito.

 57 Sun. Enfócate en hacer pequeñas mejoras en lugar de introducir grandes cambios.

 58 Tui. El comportamiento correcto y la firmeza producirán alegría y éxito.

 59 Huan. El éxito viene cuando eres consciente de lo que deseas conseguir.

 60 Chieh. Las limitaciones te darán un marco estable en el que operar.

 61 Chung Fu. Sigue tus creencias y ten fe en tus convicciones.

 62 Hsiao Kuo. Apuntar demasiado alto conduce a posibles peligros y decepciones.

 63 Chi Chi. Arregla los cabos sueltos de un proyecto que está casi acabado.

 64 Wei Chi. No dejes que la complacencia ponga en peligro un proyecto actual.

Runas

Las runas tienen un poder y un ambiente especiales, lo que hace de ellas una herramienta psíquica intrigante. Se dice que se originaron cuando Odín, el dios nórdico, se quedó suspendido cabeza abajo del árbol Yggdrasil, el Árbol del Mundo, durante nueve días y nueve noches, sin agua ni comida, para aprender sobre la vida y la muerte. Al final de ese periodo alcanzó la iluminación, y vio las runas esparcidas por el suelo debajo de él.

Las runas tienen cientos de años, por lo que a veces puede ser difícil captar su significado, que no siempre se presenta inmediatamente. A veces hablan simbólicamente, pero, cuando seas capaz de comprender sus mensajes, te darás cuenta de lo poderosas y precisas que son. Puedes comprar un juego de runas o fabricártelo pintando los símbolos sobre pequeños cantos rodados o algún material similar que encuentres.

Además de ser una herramienta de adivinación, las runas también son un antiguo alfabeto. La traducción de tu nombre al alfabeto rúnico te da un sigilo (un símbolo con significado oculto), que, según se cree, confiere poder y buena suerte.

Echar las runas puede ser tan simple o tan complicado como desees.

Las runas están hechas de varios materiales, como madera, piedra o plástico.

ECHAR LAS RUNAS

Echar las runas es muy simple. Si lo deseas, cuando necesites guía, puedes simplemente elegir una runa, o también puedes seleccionar una al comienzo del día. Hay dos métodos populares para echar las runas: puedes ponerlas todas mirando hacia abajo sobre una superficie plana y elegir aquellas que te resulten atractivas, o puedes sacarlas una por una de la bolsa donde las guardas.

TRABAJAR CON LAS RUNAS

Es posible que te lleve algún tiempo acostumbrarte al tono y al estado de ánimo de las runas, pero, cuando lo hagas, te darás cuenta de lo útiles que son. Las interpretaciones siguientes de las runas son por fuerza muy básicas, pero tu intuición te ayudará a ampliarlas. Las runas invertibles (que son distintas cuando se invierten) tienen dos significados: cuando están invertidas tienen el significado opuesto del que tienen en su posición original. Las runas no invertibles tienen el mismo significado cuando están del revés.

Extraer una única runa puede darte una valiosa comprensión de lo que te traerá el nuevo día.

El anciano Futhark

Aunque existe cierto desacuerdo con respecto al número de runas con el que se debe trabajar, la mayoría de los juegos contienen 24 runas, que se conocen con el nombre de «el anciano Futhark». Algunos juegos contienen una runa más, que está en blanco y se conoce como «wyrd». Esta runa en blanco solo se usa en las tiradas de runas, y se dice que representa un punto de inflexión en la vida de la persona que la extrae.

El anciano Futhark se divide en tres secciones, o *aetts*, de ocho runas cada una, y cada una de ellas regida por un dios particular. El primer aett se conoce como el aett de Freya, y representa el crecimiento. El segundo es el aett de Haegl, y representa los elementos. Y el tercero es el aett de Tyr, que representa el coraje.

Las runas

Fehu
Esta runa representa el dinero, las posesiones, el amor y el alimento. Habla de la necesidad de proteger y apreciar aquello que valoras. Cuando está invertida advierte de la pérdida de algo valioso.

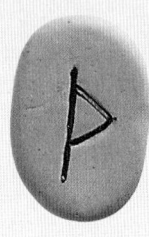

Thurisaz
Experimentarás una fase turbulenta que catalizará un cambio constructivo. Es posible que surjan dificultades sin previo aviso. Si está invertida, los problemas serán mucho menos serios.

Uruz
Se requiere fuerza, coraje y vigor físico y mental para afrontar los obstáculos. Debes responsabilizarte de tus acciones. Cuando está invertida, Uruz te advierte de que podrías ser demasiado agresivo.

Ansuz
Esta runa describe la comunicación en todas sus formas, y el contacto con personas que respetas y admiras. Habla de la necesidad de conocerte bien a ti mismo. Cuando está invertida pueden existir dificultades en la comunicación.

Raido

Esta runa representa todo tipo de viajes, así como la capacidad de elevarse por encima de los problemas y de actuar a partir de las decisiones. Cuando está invertida, una situación puede estar fuera de control.

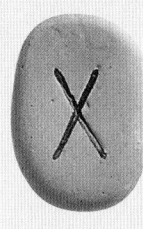

Gebo

Gebo describe los dones, los talentos y el amor. Es posible que estés dando o recibiendo amor, pero no debes pensar que tienes derecho a él. Esta runa también hace referencia a trabajar para un propósito superior. Esta runa no es invertible.

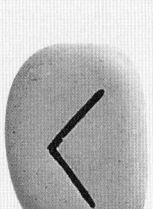

Kaunaz

Ardes de entusiasmo y energía, pero tienes que canalizarlos en la dirección adecuada. Arroja luz sobre áreas que antes han estado oscuras. Cuando está invertida, Kaunaz indica ignorancia y complacencia.

Wunjo

Esta runa representa la felicidad, la camaradería y la capacidad de contentarte con lo que tienes. También te indica que tengas cuidado con lo que deseas. Cuando está invertida, significa que te sientes desconectado emocionalmente.

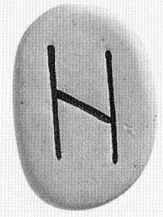

Hagalaz

Estás afrontando una situación difícil, que está fuera de tu control. Aprende de la experiencia y confía en que saldrá algo bueno de ella. Esta es una runa no invertible.

Isa

Esta runa describe situaciones que están en un estado de limbo, o que están congeladas en algún sentido, como cuando te aferras al statu quo y te resistes al cambio necesario. Es una runa no invertible.

Nauthiz

Nauthiz describe el sentirse necesitado. Te dice que establezcas tus prioridades y afrontes los hechos a fin de mejorar tu situación. Es una runa no invertible.

Jera

Jera representa el final de un ciclo y el comienzo de otro, encontrarse en un estado transitorio o vivir en el pasado. También te advierte de que no te crees un karma difícil. Jera es una de las runas que no pueden invertirse.

Eihwaz

Eihwaz tiene vínculos con los misterios de la vida y de la muerte. Te aconseja que muestres persistencia cuando afrontes los problemas, y que demuestres la capacidad de seguir adelante. Es una de las runas que no pueden invertirse.

Algiz

Esta runa representa la protección y la necesidad de conciencia espiritual. Puede indicar que has hallado tu camino espiritual. Cuando está invertida, Algiz te advierte de que te estás poniendo demasiado a la defensiva.

Perth

Mira más allá de la superficie de la vida y adquiere un mayor autoconocimiento. Presta atención a tus sueños. Perth también describe el nacimiento en todas sus formas, literal y simbólico. Cuando está invertida, habla de temores infundados.

Sowela

Esta es una runa muy optimista. Te está diciendo que sigas adelante y que conserves el entusiasmo incluso en los momentos duros. Acabarás consiguiendo el éxito. Es una runa no invertible.

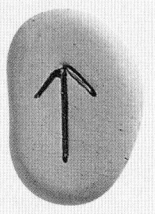

Teiwaz

Teiwaz describe la valentía, la competitividad, la fuerza de propósito, la justicia y la victoria. A menudo guarda relación con batallas que se libran por el bien común. Cuando está invertida, representa la derrota.

Ehwaz

Esta runa describe todo tipo de viajes, y los beneficios de una asociación fructífera. Habla de la necesidad de cooperación y flexibilidad. Cuando está invertida, indica que la confianza ha sido traicionada.

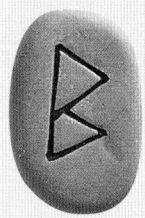

Berkana

Berkana retrata la fertilidad en todas sus formas, y es especialmente favorable para los proyectos creativos. Representa secretos que aún no han sido descubiertos. Cuando está invertida, indica incapacidad de crecer.

Mannaz

Tienes que ser considerado con los demás, y contemplar las situaciones difíciles con objetividad e inteligencia. Cuando está invertida, Mannaz indica que se tiene la mente cerrada.

Laguz

Sintoniza con tu intuición y desarrolla tus poderes psíquicos. Laguz también puede describir una corriente continua de algo que viene a tu vida. Cuando está invertida, indica que estás abrumado por el miedo.

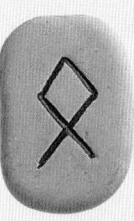

Othila

Othila simboliza el dinero, las posesiones, los rasgos del carácter y otras herencias que se transmiten de generación en generación. Cuando está invertida, describe el apego al pasado.

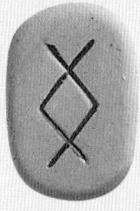

Inguz

Inguz representa el estado embrionario de los proyectos y las relaciones, cuando están empezando a desarrollarse. Inguz te anima a apreciar la vida, incluso en la adversidad. Es una runa no invertible.

Dagaz

Esta runa está conectada con los nuevos comienzos, sean físicos, emocionales, mentales o espirituales. Cuando la vida es difícil, Dagaz te promete que mejorará. Es una runa no invertible.

Otras herramientas psíquicas

Existen muchas otras herramientas para potenciar tus capacidades psíquicas, especialmente si deseas practicar la adivinación. En el caso ideal, deberías experimentar con todas ellas hasta encontrar las que te parezcan más atractivas. Por ejemplo, podrías descubrir que eres un hábil lector de las hojas de té, o podrías desarrollar una pasión por la ceromancia (véase página siguiente).

LEER LAS HOJAS DEL TÉ

Esta es una forma clásica de adivinación y su belleza consiste en que lo único que necesitas es una tetera y las hojas de té, además de una taza y un platillo. El té chino está especialmente indicado para leer las hojas de té, porque estas suelen tener distintos tamaños. Elige una taza con un cuenco redondo y el interior sin decorar. Vierte el té y bebe mientras piensas en la pregunta que deseas plantear (no debería ser una pregunta que requiera una respuesta «sí» o «no»). Cuando solo quede un res-

Cuando mires las imágenes en la taza de té, tómate tu tiempo. Aquí se puede ver claramente un perro.

to de líquido en la taza, agárrala con la mano no dominante, cierra los ojos y plantea la pregunta. Gira la taza tres veces en la dirección contraria a la de las agujas del reloj y a continuación inviértela sobre el platillo y deja que todo el líquido se drene durante unos 30 segundos. Vuelve a poner cuidadosamente la taza al derecho e interpreta los dibujos que las hojas hayan formado en la taza.

Las hojas situadas cerca del asa representan a la persona que plantea la pregunta. Las que quedan a la izquierda del asa describen el pasado, y las que quedan a la derecha, el presente y el futuro. Las hojas alrededor del borde y el tercio superior de la taza describen el presente inmediato y los dos días siguientes. Las hojas en el tercio medio de la taza hacen referencia a las dos semanas siguientes, y las del tercio inferior de la taza y la base representan el periodo de entre las dos y las cuatro próximas semanas.

CEROMANCIA

Esta antigua técnica es el arte de adivinar el futuro a partir de la cera fundida. Es muy simple y requiere poco equipamiento: una vela grande (preferiblemente coloreada, de

Elige una vela coloreada para poder ver con facilidad el color de la cera fundida.

modo que la cera fundida sea fácil de distinguir en el agua), una caja de cerillas y un cuenco de agua fría. En cualquier caso, debes planificar la sesión con antelación, porque la vela tiene que arder durante al menos una hora para acumular una generosa cantidad de cera. Asegúrate de que el color de la cera contraste con el del interior del cuenco para poder distinguirlos.

Cuando estés preparado y la vela haya producido abundante cera líquida, apágala con cuidado, e inmediatamente plantea tu pregunta (una vez más, no debería ser una pregunta que exija una respuesta «sí» o «no»). Vierte suavemente la cera en el cuenco de agua, manteniendo en todo momento la pregunta en tu mente. Cuando la cera se endurezca, puedes empezar a interpretar su forma. Para ello, usa la intuición y la imaginación. Si quieres sacar la forma de cera del agua para estudiarla con más detalle, espera hasta que se asiente firmemente para evitar romperla o verter la cera que aún está derretida.

ADIVINACIÓN A TRAVÉS DE LA NATURALEZA

Al empezar a practicar y desarrollar tus capacidades psíquicas descubrirás que te haces mucho más receptivo a lo que te rodea. Prestar atención al mundo natural y a los mensajes que tiene para ti fomentará la sensación de que eres uno con tu entorno, y que no hay división entre vosotros.

Toma nota de tus encuentros con el reino animal y con los insectos. Si acostumbras a atraer mariposas, quizá incluso hasta el punto de que ellas se posen sobre tu cuerpo durante unos segundos, esto puede significar que estás atravesando un periodo de transición parecido al de la mariposa, que surge de su crisálida habiendo cambiado enteramente de forma. Considera cómo se aplica esto a tu situación en estos momentos.

Observa las nubes del cielo para ver si crean formas significativas. ¿Puedes oír los mensajes de las canciones de los pájaros? Plantea una pregunta cuando estés en tu jardín o en el campo y espera a ver qué ocurre a continuación. ¿Ha sido respondida de algún modo, tal vez por un pájaro que ha empezado a cantar inmediatamente? Estate preparado para experimentar y para confiar en tu intuición.

Las mariposas y las polillas tienen un gran significado simbólico. Representan la transformación.

ID# Canalización
y guías espirituales

¿Qué es la canalización?

La canalización se ha hecho muy popular en los últimos años, aunque es algo que se ha venido practicado durante siglos. Es el arte de recibir información de los reinos invisibles, espirituales o psíquicos, y en la mayoría de los casos transmitirla para beneficio del resto de la humanidad. En otras palabras, alguien actúa como un canal para la información. Algunas personas hacen esto estrictamente para sí mismas y canalizan información que solo les incumbe a ellas. Otros lo hacen con unos objetivos mucho más amplios. Por ejemplo, un sanador podría canalizar información específica sobre el estado físico de su paciente o sobre el tratamiento que debe seguir, y transmitírsela; o alguien podría establecer un firme vínculo con una entidad particular y publicar la información que le llega en un libro o CD.

¿ES LO MISMO QUE LA MEDIUMNIDAD?

La mediumnidad es similar a la canalización en el sentido de que el médium (o sensitivo) está recibiendo información del reino de los espíritus. No obstante, la mediumnidad suele estar dirigida hacia una persona particular, y el médium se pone en contacto con los parientes o amigos fallecidos de dicha persona. No todo el mundo tiene la capacidad de ser médium, pues se requieren habilidades psíquicas muy especiales. La canalización, por otra parte, está abierta a cualquiera que desee practicarla, y a menudo requiere ponerse en contacto con entidades espirituales que los que están realizando la canalización o siendo testigos de ella no conocen. Por tanto, produce una sensación mucho más impersonal que la mediumnidad, aunque esto no hace que sea menos importante o valiosa.

Muchas personas canalizan información sin saberlo. Los escritores a veces dicen que la inspiración para escribir un libro viene como surgida de la nada, y que las palabras les son dictadas por una fuente superior. Si alguna vez te has sorprendido a ti mismo diciendo algo inmensamente profundo sin ningún esfuerzo, pensamiento o conocimiento consciente, es posible que hayas canalizado esa información.

No tienes que ser médium para poder canalizar.

Ejemplos famosos de canalización

Hay muchos libros que han sido canalizados por entidades espirituales. Abarcan un amplio rango de estilos, desde los más farragosos y a veces impenetrables, hasta los ligeros y fáciles de leer. Parece que hay algo para cada persona. Incluso es posible que hayas leído algunos libros sin saber que eran canalizados, porque a veces en la cubierta no se da ninguna pista sobre su origen. A continuación se ofrecen algunos ejemplos de famosos maestros espirituales cuyo trabajo ha sido canalizado. También hay otros, como Ramtha, que afirma ser el espíritu de un guerrero de hace 35.000 años procedente de la Atlántida, y es canalizado por J. Z. Knight; Emmanuel, que fue canalizado por Pat Rodegast; y Lazaris, una entidad no física que se expresa a través de Jach Pursel.

ÁGUILA BLANCA

Grace Cooke fue la médium británica que cuando era niña a comienzos del siglo XX conectó por primera vez con la entidad espiritual llamada Águila Blanca. Esta conexión fue evolucionando gradualmente hasta convertirse en una asociación laboral de por vida en la que Grace Cooke canalizó las enseñanzas de Águila Blanca, tanto a través de charlas como de libros. Águila Blanca dice ser el portavoz de un grupo conocido como la Hermandad Estelar.

La Logia Águila Blanca fue fundada en Londres en 1936, en parte como resultado de una serie de mensajes procedentes de un espíritu que afirmaba ser Sir Arthur Conan Doyle. Otras logias se formaron en diversos lugares del mundo durante los años siguientes.

SETH

Seth es la entidad espiritual que canalizó sus enseñanzas a través de Jane Roberts durante más de 20 años hasta que ella murió en 1984. Jane trabajaba en trance, y el primer libro sobre Seth, *The Seth Material*, se publicó en 1970. Seth también escribió su propio libro, *Seth Speaks*, en el que dictó exactamente lo que quería decir. Seth enseñó que todos creamos nuestra propia realidad, y por tanto somos totalmente responsables de ella.

EJEMPLOS FAMOSOS DE CANALIZACIÓN

Maurice Barbanell canalizó el espíritu de Silver Birch durante 61 años.

bajar y a canalizar lo referente a la prosperidad.

UN CURSO DE MILAGROS

Este libro fue canalizado por Helen Schucman, una psicóloga investigadora, y se publicó originalmente en 1975. Cuando empezó el trabajo, Helen era atea, y le molestaba el lenguaje cristiano del material que canalizaba, pero gradualmente fue aceptándolo más. Se dice —aunque no lo dijo la propia doctora Schucman— que el libro fue canalizado por Jesucristo. *Un curso de milagros* enseña a distinguir entre nuestra sabiduría interna y nuestros egos.

SILVER BIRCH

La entidad no física conocida como Silver Birch declara haber vivido hace más de 3.000 años. Las enseñanzas de Silver Birch fueron canalizadas a través de Maurice Barbanell, fundador y editor de *Psychic News*, en Gran Bretaña. Juntos produjeron varios libros sobre la existencia de vida después de la muerte.

ABRAHAM

Abraham es el nombre dado a un grupo de maestros espirituales que trabajan a través de Ester Hicks. Ester ha canalizado varios libros y CD, incluyendo *Ask and It Is Given*, y también da talleres. Abraham enseña a tra-

Aprender a canalizar

La mejor manera de aprender a canalizar es con un maestro en quien confíes. Esta persona será capaz de guiarte a lo largo de todo el proceso, de enseñarte a tomártelo con calma y de proporcionarte un espacio seguro donde poder experimentar. También conocerá los posibles problemas e inconvenientes de la canalización por haberlos experimentado personalmente en su propia formación. No obstante, si no puedes encontrar un profesor, tú mismo puedes entrenarte para canalizar.

ENSEÑARTE A TI MISMO

Si decides aprender por tu cuenta, debes seguir las etapas preliminares con mucho cuidado. No te sientas tentado a ignorarlas, o a descartarlas por considerarlas aburridas, y apresurarte a entrar inmediatamente en el proceso de canalización. No solo obtendrás resultados frustrantes y confusos, también podrías atraer entidades negativas que desearán engañarte presentándose como algo que no son. De esta manera perderás el tiempo, como mínimo. Las etapas preliminares incluyen protegerte de cualquier entidad negativa que pueda sentirse atraída hacia ti mientras trabajas, y asegurarte de que estás plenamente asentado en tu cuerpo. Al principio es posible que te sientas inhibido y ansioso, y que te preguntes si realmente está ocurriendo algo, de modo que también tienes que aprender a aquietar tu mente. Cualquier forma de meditación (véanse páginas 232-235) servirá para este fin porque entrena tu mente para que se aquiete y se quite de encima los pensamientos superfluos que la atraviesan.

ENCONTRAR TIEMPO PARA CANALIZAR

Nunca elijas un rato para canalizar en el que puedas ser interrumpido. Esto podría ser peligroso, pues la interrupción te sacará repentinamente del estado contemplativo, y puede tener un efecto negativo en tus cuerpos físico y astral. Incluso el

Es esencial que te protejas psíquicamente antes de empezar la sesión de canalización.

timbre del teléfono podría alterarte. Alguien que entre en la habitación y te ponga la mano sobre el hombro podría alterarte todavía más, e incluso podría enfermarte por un rato.

LIMPIAR LA PROPIA ENERGÍA

Cuando te preparas para canalizar, el primer paso consiste en limpiarte de todos los desechos energéticos acumulados en tu aura. En el caso ideal, deberías poseer un alto grado de autoconocimiento y deberías haber tratado anteriormente buena parte de tus dificultades emocionales. Todos tenemos este tipo de problemas, y algunos de ellos no se van nunca, pero al menos podemos hacer todo lo posible por ser conscientes de ellos. De otro modo, somos inconscientes de muchos de nuestros prejuicios y dificultades emocionales, y podríamos proyectarlos fácilmente sobre los demás.

Ya has aprendido a limpiar tu aura de residuos energéticos (páginas 92-95), y debes seguir este procedimiento cada vez que quieras canalizar. Esto te sirve para que mantengas un estado mental de calma y para que no atraigas ninguna energía difícil que pudiera alimentarse de tus emociones alteradas. Por ejemplo, si al empezar a canalizar estás enfadado o nervioso, las entidades negativas podrían sentirse atraídas por tu estado emocional y podrían usarlo para manipularte o para jugar contigo.

MANTENERSE ASENTADO Y EQUILIBRADO

Cuando hayas acabado de limpiar tu energía, el paso siguiente es tomar tierra y equilibrarte. Si omites este paso, es fácil que te desequilibres mientras estás canalizando. También te será imposible saber si tu experiencia viene de dentro de ti o si procede de una fuente externa. Es como sentirse mareado y después montar en una barca que flota en aguas agitadas: no sabrás si el mareo viene de tu propia condición física o de la agitación del agua.

Realiza los ejercicios de tomar tierra que se han presentado anteriormente en este libro (páginas 24-25). Aunque tal vez imagines que la canalización sería mucho más eficaz si no estuvieras en contacto con la tierra; de hecho, no es así. Hablando metafóricamente, tienes que mantener los dos pies en el suelo, porque de otro modo saldrás volando como una cometa impulsada por una fuerte brisa. Esto reducirá, o incluso eliminará, tu capacidad de distinguir

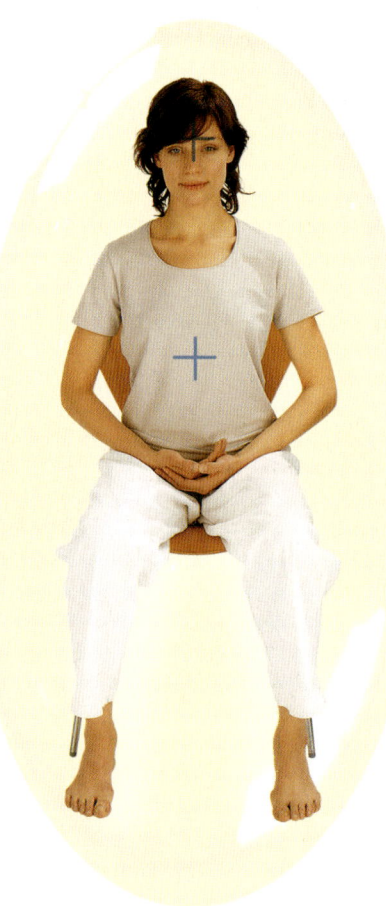

entre las comunicaciones bien intencionadas y las traviesas.

PROTEGERTE

Este paso es esencial para que puedas canalizar de manera segura. Nunca jamás empieces una sesión de canalización sin protegerte adecuadamente de las energías negativas. Una manera muy eficaz de hacerlo es practicar el ejercicio en el que te rodeas de una burbuja de luz psíquica (véanse páginas 104-105). Después, lleva esto un paso más allá situando mentalmente una cruz de brazos iguales en la parte anterior y posterior de tu chakra plexo solar. También puedes poner otra cruz sobre tu chakra coronario para reforzar la protección.

Después de haber realizado esta preparación esencial, otra manera de protegerte es asegurarte de que tus intenciones son puras, honestas y amorosas.

Mantén siempre los dos pies planos sobre el suelo mientras canalizas para estar en contacto con la tierra.

MEDITACIÓN PARA CONOCER A TU GUÍA

El paso siguiente es entrar en un estado meditativo. Ya hemos comentado distintos métodos de meditación y su importancia (véanse páginas 44-45), no solo como preparación para el trabajo psíquico, sino como ejercicios útiles en sí mismos.

Cuando te prepares para el trabajo de canalización, tienes que crear una meditación que te proporcione un lugar interno seguro en el que recibir la sabiduría que deseas escuchar.

Aquí tienes una meditación simple, pero poderosa, que te permitirá profundizar en ti mismo y hacerte receptivo a los mensajes que quieres recibir.

1 Después de haberte limpiado, de haber tomado tierra, y de haberte protegido (véase página 231), siéntate en una silla cómoda con los dos pies apoyados en el suelo.

2 Cierra los ojos e inspira y espira profundo tres veces para relajarte. Con cada espiración, siente que la tensión sale de ti. Con cada inspiración, siente que la paz y la armonía entran en tu cuerpo.

3 Ahora imagina que estás de pie en tu lugar natural favorito. Podría ser una playa especial, algún lugar en el campo o un jardín maravilloso. Siéntete de pie allí. Sintoniza enteramente con tu entorno. Escucha los pájaros cantar, escucha el batir de las olas o el murmullo del viento entre los árboles. *Estate* realmente allí.

4 Cuando estés completamente inmerso en tu entorno, mira a tu alrededor. Date cuenta de que allí al lado hay un ancho río y un puente que lo cruza. El río es tan ancho que no puedes divisar el otro lado sin cruzar el puente. Empieza a caminar por el puente, tomando nota de su aspecto y de las sensaciones que te produce. Escu-

cha el sonido del río fluyendo debajo del puente.

5 Cruza al otro lado del río. En la base del puente hay una puerta. Ábrela y atraviésala para entrar en un entorno precioso y pacífico. Delante de ti hay un gran edificio espléndido. Percibe todos los detalles de su aspecto. Camina hasta su puerta principal y atraviésala. Dentro te sientes seguro y tranquilo. Mira a tu alrededor. Hay una puerta con tu nombre escrito en ella. Camina hasta ella y ábrela. En el interior se encuentra un guía sabio y bondadoso que canalizará su sabiduría hacia ti.

6 Saluda a tu guía y disfruta del tiempo que pasáis juntos. Escucha lo que te dice y anótalo si es apropiado y si recibes la información en forma de palabras.

7 Cuando hayas acabado de hablar con tu guía, dale las gracias y vete de la habitación. Cierra suavemente la puerta detrás de ti, y después sal del edificio y vuelve siguiendo tus pasos hasta la puerta situada en el puente. Abre la puerta y atraviésala, asegurándote muy bien de cerrarla después de que hayas salido. Oye o ve cómo se cierra. Atraviesa el puente hasta llegar a la otra orilla y después vuelve al punto de partida en el entorno maravilloso que elegiste.

8 Ahora empieza a contar hacia atrás desde cinco. Con cada número, estás cada vez más alerta y más consciente de tu entorno. Cuando hayas contado hasta uno, te sentirás completamente despierto y de vuelta en tu silla.

9 Abre los ojos, estira los brazos y piernas, y moviliza los dedos de las manos y de los pies para volver a estar totalmente en contacto con la tierra.

Comprobar la comunicación

Si apareciera de repente un hombre en la puerta de tu casa diciendo que es del banco y que quiere hablar contigo de tu cuenta bancaria, tú querrías alguna prueba o credencial para comprobar que realmente es quien dice ser, antes de dejarle entrar en tu casa. Tienes que tener el mismo cuidado cuando establezcas conexiones psíquicas con los espíritus. El hecho de que un espíritu habite en los planos astrales no garantiza de manera inmediata su honestidad y sus buenas intenciones. De modo que cuando hagas contacto con un espíritu, tienes que comprobar que, tal como el hombre del banco, él es quien dice ser.

Escucha tus instintos y especialmente tus reacciones físicas. Por ejemplo, date cuenta de si empiezas a sentirte ansioso o enfermo cuando conectas con él.

Mantente vigilante y comprueba que has conectado con un espíritu bien intencionado.

Control de calidad

- Lo primero que has de comprobar es cómo te sientes cuando conectas con ese espíritu. ¿Te sientes pacífico y en calma? ¿Te sientes seguro y en buenas manos? ¿O te sientes incómodo y un poco aprehensivo?
- Esto explica por qué es tan importante tomar tierra, estar calmado y centrado antes de empezar a canalizar: si ya estás sintiéndote agitado, no te darás cuenta de si estas emociones empiezan a incrementarse cuando contactas con el espíritu.
- Si empiezas a sentirte incómodo, preocupado o descontento, debes concluir la conexión con ese espíritu inmediatamente. Estas emociones son señales de advertencia de que algo va mal. No las ignores.
- El paso siguiente es comprobar la calidad de lo que se te ha dicho. Ningún espíritu al que merezca la pena escuchar (y que merezca la pena canalizar) se mostrará nunca dominante, rudo, agresivo, egoísta o manipulador.
- Si empiezas a recibir mensajes insistiendo en que hagas exactamente lo que el espíritu te dice, mensajes insidiosos sobre personas que conoces o mensajes claramente egocéntricos, una vez más debes cortar inmediatamente toda comunicación con ese espíritu.
- Por último, si aún no estás seguro o si quieres más pruebas, puedes preguntar al espíritu tres veces si viene de Dios. Si es así, él responderá sinceramente cada vez. Si no es así, lo dirá en la tercera respuesta.

Elige tu vía de canalización

La canalización puede tomar muchas formas, entre las que se incluyen la recepción de mensajes personales durante la meditación, la canalización curativa, la escritura automática (véanse páginas 176-179) y dar mensajes canalizados a otras personas.

En gran medida no vas a poder elegir qué tipo de canalización practicar. Es como cuando quieres tocar un instrumento musical y descubres el que te va mejor: descubrirás que algunos tipos de canalización fluyen más que otros. Por ejemplo, podrías darte cuenta de que ocurre algo especial cada vez que canalizas energía sanadora, y que esta es la dirección que debes seguir posteriormente y en sucesivas situaciones.

Alternativamente, podría resultarte difícil establecer una canalización para curar, pero no tienes problemas para vincularte con un espíritu guía y recibir mensajes personales. De modo que estate preparado para experimentar y probar otra técnica diferente si tu primera elección no funciona como te gustaría.

SELECCIONAR EL MOMENTO

Tus actividades diarias determinarán cuál es el mejor momento para canalizar. Evidentemente, si por las mañanas tienes que apresurarte para conseguir que los niños se laven, darles el desayuno y mandarlos a la escuela antes de empezar tu trabajo, ese no será el mejor momento para canalizar. Tienes que estar calmada y relajada, sin tener que mirar el reloj continuamente.

Otra cosa que debes considerar son las horas de las comidas. No es aconsejable canalizar con el estómago lleno, porque eso podría darte sueño o indigestión, de modo que para canalizar debes esperar que pasen un par de horas después de comer. Asimismo, también debes evitar hacerlo después de beber alcohol. Podría parecerte que la canalización fluye brillantemente, pero no tendrás pleno control sobre lo que está ocurriendo, y el alcohol en tu sistema podría atraer entidades espirituales desagradables. Con el tiempo, si tienes éxito en la canalización, hasta podrías decidir renunciar a cualquier tipo de alcohol porque empeña la claridad de las comunicaciones recibidas.

Reserva un rato para canalizar cuando sepas que no vas a ser molestado ni vas a tener prisa.

Crear un ritual

Mientras estás aprendiendo a canalizar podría resultarte muy útil establecer un ritual preliminar. El ritual te pondrá en un estado mental pacífico y receptivo, y así los canales de comunicación fluirán con más facilidad. Incluso si al principio el ritual elegido te resulta extraño, pronto se convertirá en un hábito cómodo. Probablemente desearás seguir con él incluso cuando te hagas experto en el arte de canalizar.

Encender velas puede ayudarte a estar en un estado de ánimo sereno, preparado para empezar a canalizar.

Encender una luz de té dentro de un platillo es una opción más segura que dejar una vela desatendida.

También debes crear un ritual que puedas practicar al final de tus sesiones. Es esencial que trates la canalización con seriedad. A medida que refines tu capacidad te darás cuenta de lo sensible que te has hecho a los ambientes y al ruido al acabar el trabajo. Por ejemplo, si acabas la canalización y vas inmediatamente a una calle o a una tienda ajetreada, te sentirás enfermo y desorientado.

UN RITUAL DE COMIENZO

No hay necesidad de crear una serie de rituales complejos. Podrías simplemente encender una vela blanca antes de empezar a trabajar, siempre asegurándote de que arda de manera segura mientras canalizas. Alternativamente, podrías encender una luz de té dentro de un platillo, lo cual es una opción más segura. Si te gusta el olor del incienso, podrías quemar un palito de un incienso especial que solo uses para canalizar. También podrías bendecir la habitación antes de empezar haciendo la señal de la cruz de brazos iguales en cada esquina.

UN RITUAL PARA ACABAR

Cuando hayas concluido la sesión de canalización, es esencial que te mantengas tranquilo durante un rato. Un exceso de alteraciones, ruidos o estímulos mentales inmediatamente después de la canalización harán que te sientas enfermo. Siéntate en tu silla hasta que estés preparado para levantarte. Comprueba que estás bien centrado, equilibrado (véanse páginas 24-25) y protegido (véanse páginas 104-107), y apaga la vela o la luz de té si todavía sigue encendida.

Vida después de la muerte

Cuando canalices harás contacto con entidades espirituales. Puedes haber conocido a algunas de ellas personalmente, que podrían ser parientes o amigos fallecidos. Por consiguiente, es importante entender qué nos ocurre al morir.

Si crees en la reencarnación, sabrás que probablemente has vivido en esta tierra antes. Consecuentemente, has muerto antes y, entre encarnaciones, volviste al reino del que procede.

Antes de canalizar, contacta con tus parientes fallecidos mirando sus fotos.

Los distintos reinos espirituales

Mucha gente cree en el cielo, pero esta palabra puede significar distintas cosas para distintas personas. Hay muchos libros que describen el cielo, a menudo canalizados por espíritus que están allí. Un ejemplo famoso es *Life in the World Unseen*, canalizado por Anthony Borgia. El consenso general con respecto a estos libros es que hay muchos niveles diferentes en la otra vida, y que se nos envía a aquel que es más adecuado para nuestro desarrollo espiritual. Por ejemplo, alguien que nunca haya estado muy interesado en asuntos religiosos o espirituales, o que haya sido egoísta o vengativo en la tierra, será enviado a un nivel menos elevado que alguien que se haya pasado la vida desarrollando su espiritualidad y llevando una vida de servicio hacia los demás.

No obstante, alguien que está en un plano espiritual inferior no está siendo castigado, y siempre tendrá la opción de poder desarrollarse espiritualmente.

Sin embargo, a pesar de esto, la mayoría de nosotros no tenemos en absoluto ningún recuerdo de lo que nos ocurrió al morir. Los niños a menudo recuerdan bien el lugar del que vienen, pero generalmente se les dice que esos conocimientos solo son fantasías, y que deberían dejar de contar esas historias. En consecuencia, empiezan a olvidarlas.

SEGUIR ADELANTE

Cuando alguien muere, durante algún tiempo su espíritu se mantiene en reinos a los que se puede acceder desde la tierra. A menudo el espíritu se quedará cerca de la tierra porque está cuidando de sus seres queridos que siguen allí y quiere permanecer cerca de ellos. Finalmente este espíritu se desarrollará y pasará a un plano superior.

Fantasmas y poltergeists

Aunque es improbable que alguna vez canalices a un fantasma o poltergeist, es importante que comprendas qué son estas cosas. Incluso es posible que se te pida que ayudes a alguien cuya casa contenga un fantasma o poltergeist. Existen diferencias significativas entre estos dos tipos de entidades, que tienes que comprender para poder lidiar con ellas.

FANTASMAS

Es mucho más probable que te encuentres con un fantasma que con un poltergeist. Aunque se considera que las casas antiguas suelen ser los lugares donde moran los fantasmas, las casas nuevas también pueden atraer espíritus. Y también pueden hacerlo las carreteras, los parques, los jardines y cualquier otro lugar que sea visitado frecuentemente por seres humanos.

Cuando creas que un lugar está encantado, tienes que determinar cuál es el tipo de encantamiento. Puede ser de dos tipos: un lugar puede estar encantado por un fantasma, que podría comportarse de distintas maneras en distintos momentos, y puede tener un encantamiento repetitivo que siempre es igual: siempre se repiten las mismas acciones y los mismos sonidos (véase página 246).

Cuando un lugar está encantado por un fantasma, se debe a que la entidad espiritual se ha apegado a ese lugar. Ese espíritu no se da cuenta de que está muerto, y nunca ha sido guiado hacia la luz para poder orientarse hacia los reinos espirituales. El fantasma continúa deambulando por los lugares que conoció en vida, a menudo sintiéndose enfadado o confuso porque unos extraños han invadido lo que sigue creyendo que es su territorio. El fantasma no tiene sentido del tiempo, y no es consciente de los meses o años que han transcurrido desde su muerte física.

A veces el fantasma no se da cuenta de que está muerto porque su deceso fue repentino. Esto es particularmente cierto en las zonas que rodean a los campos de batalla, que están llenas de entidades espiri-

Visita una casa regia o un edificio antiguo para sintonizar expresamente con los fantasmas allí presentes.

Encantamientos repetitivos

El otro tipo de encantamiento no está causado por un fantasma en absoluto. Es una acción repetitiva que de algún modo ha quedado impresa en el ambiente, tal como una cinta de vídeo puede captar imágenes de una televisión apagada. Por ejemplo, si el encantamiento consiste siempre en el sonido de unos pies subiendo unas escaleras, y nada más, eso es un encantamiento repetitivo. Existen muchos ejemplos de este tipo de encantamientos, y suelen ser muy dramáticos. Por ejemplo, se dice que el fantasma de una señora gris recorre el castillo de Glamis, en Escocia, desgarrándose compulsivamente la boca. Esto es lo único que hace.

tuales desencarnadas. Ocasionalmente el espíritu se niega a pasar a otro ámbito por su apego materialista al lugar donde vivió. En todos los casos, el fantasma tiene que ser ayudado a ir hacia la luz, donde podrá ser recibido por ángeles y otras entidades que le harán progresar y alejarse de la tierra. En cualquier caso, este es un trabajo especializado que no debe ser practicado por personas que no saben lo que hacen.

POLTERGEISTS

Los poltergeists son el material de las películas de miedo, aunque no solo existen en el celuloide. Existen muchos ejemplos documentados de actividad poltergeist. La palabra «poltergeist» viene del alemán y significa «fantasma ruidoso», una descripción muy precisa del fenómeno. No hay manera de confundir la actividad poltergeist porque es muy perturbadora, ruidosa y molesta. A menudo hay objetos que se mueven de un lado a otro, aparentemente por su propia voluntad. Por ejemplo, los platos podrían lanzarse a sí mismos contra la pared, o las ventanas podrían cerrarse por sí mismas. En la gran mayoría de los casos, la actividad es traviesa e irritante, más que malvada y maliciosa.

Durante muchos años, los investigadores de las actividades paranormales han creído que la actividad poltergeist estaba causada por un espíritu, pero más bien es una exteriorización física de las emociones alteradas de alguien que vivió en la casa. A menudo se creía que un niño o adolescente producía inconscientemente toda la actividad. En cualquier caso, actualmente algunos investigadores creen que esta teoría, si bien es válida en ciertos casos, no es aplicable a todos las muestras de actividad poltergeist.

El castillo de Glamis es supuestamente la casa señorial más encantada de Gran Bretaña.

Tipos de guías

Cuando empieces a canalizar, querrás hacer contacto con un espíritu guía. Existen varias categorías de guías, y es posible que quieras elegir un tipo particular con el que establecer contacto psíquico.

ESPÍRITUS GUÍA
Todos tenemos muchos espíritus guía que vigilan nuestros pasos. Nadie en la tierra carece de guías. Aunque quizá no seas consciente de ellos, eres acompañado durante toda tu vida por un grupo de espíritus que te han guiado y vigilado desde la primera vez que te encarnaste en la tierra, y que se quedan contigo durante el tiempo que media entre encarnaciones, en el momento en que retornas al plano del alma.

Están contigo cuando emprendes la revisión de tu última vida y de todas las acciones realizadas en la tierra. Su deber amoroso consiste primordialmente en estar contigo durante muchas vidas y siempre les deleita que empieces a tomar conciencia de ellos y que desees hacer contacto con ellos.

EL ÁNGEL GUARDIÁN
Entre los espíritus guía está incluido tu ángel guardián, al que aprenderás a invocar posteriormente en esta sección (véanse páginas 260-261). Es posible que los ángeles guardianes, en contraste con otros tipos de ángeles que nunca han encarnado, hayan sido humanos en algún momento. Incluso es posible que los hayas conocido en alguna de tus encarnaciones anteriores. Por ejemplo, un ángel guardián puede haberse encarnado como un abuelo querido durante una de tus vidas para estar cerca de ti y guiarte en medio de algunas experiencias difíciles que sobrevengan. Una vez que el abuelo muere, vuelve a ser tu ángel guardián espiritual.

INVOCAR A OTROS GUÍAS
Además de tus espíritus guía, también puedes invocar a guías de otros tipos cuando necesites ayudas específicas.

En el resto de esta sección aprenderás a conseguir establecer contacto con ángeles, arcángeles, dioses y diosas cuando necesites su asistencia.

Nuestro ángel guardián está con nosotros desde que nacemos, y nos presta apoyo a lo largo de toda nuestra vida.

Parientes y antepasados

Nuestros parientes —especialmente nuestros padres, abuelos, tías y tíos— cuidan de nosotros mientras están vivos, y no dejan de hacerlo cuando sus cuerpos físicos mueren y sus espíritus pasan a los planos del alma. Continúan interesándose por nuestras vidas, y en tiempos difíciles harán todo lo posible para guiarnos de la mejor manera posible. Entre sus métodos se incluye el de aparecer en nuestros sueños, a menudo para darnos un mensaje, y hacer cosas que nos llevan a pensar en ellos, como manifestar el olor de su perfume o de su tabaco favorito.

Las personas que están empezando a aprender sobre la vida después de la muerte, y el concepto de que el alma continúa existiendo entre vidas, suelen sentirse bastante preocupadas por la idea de que sus parientes fallecidos puedan observarles en cualquier momento del día o de la noche. Tienen la impresión de que casi podrían actuar como observadores.

Si alguien te quiso cuando estaba vivo, continuará haciéndolo cuando esté en espíritu.

No obstante, esto no es lo que ocurre. En los planos del alma, los espíritus tienen que rebajar sus vibraciones considerablemente para poder acercarse a la tierra, y eso requiere un gran esfuerzo. No pueden quedarse con nosotros mucho tiempo, y tampoco deben hacerlo: tienen su propio trabajo que hacer en cualquier reino espiritual que ocupen.

Los parientes que murieron antes de que tú nacieras podrían estar cuidando de ti.

Pena

Es muy humano sentir pena cuando alguien muere. Aunque esta es una respuesta muy natural ante la muerte de una persona, si alguien continúa penando demasiado tiempo sin realizar ningún progreso, esto puede tener un efecto adverso en el espíritu por quien esa persona expresa su dolor. Esto suena duro, especialmente en los casos en los que los hijos han muerto antes que los padres, pero esa profunda pena puede retener al espíritu y mantenerle vinculado a la tierra. La situación también es extremadamente molesta para el espíritu, que no puede reconfortar a la persona apenada ni explicarle que está sano, feliz y libre de toda inquietud.

Contactar con parientes

Es muy tranquilizador establecer contacto ocasionalmente con un pariente muy querido que ahora está en el mundo espiritual. Muchas personas se sienten reconfortadas al saber que sus padres o sus abuelos aún siguen cuidando de ellas, aunque hayan dejado su cuerpo físico hace muchos años. Son conscientes de la gran cantidad de amor que les está siendo enviada desde los planos del alma, especialmente cuando pasan momentos difíciles.

Todos necesitamos ayuda y apoyo en los tiempos duros, o cuando no sabemos qué hacer. Podríamos pedir consejo a nuestros amigos, y también es natural pedírselo a nuestros parientes, tanto si siguen estando en la tierra como si han pasado al reino de los espíritus. No obstante, aunque nos gusta escuchar los consejos que recibimos y la guía que se nos da, siempre llega un momento en el que tenemos que valernos por nosotros mismos y asumir la responsabilidad de nuestras acciones. Al igual que nuestros amigos se cansarían rápidamente de nosotros si estuviéramos persiguiéndoles día y noche en busca de consejo para todo, desde qué comer a mediodía hasta qué ropa ponernos cada mañana, el mundo espiritual puede cansarse de ser bombardeado con preguntas por aquellos que aparentemente son incapaces de tomar decisiones. Por tanto, si deseas entablar contacto con un pariente o antepasado que está en los reinos espirituales —especialmente cuando buscas respuestas con respecto a la dirección a seguir en tu vida—, no esperes que te digan exactamente lo que tienes que hacer, o que sintonicen cada día para darte la última serie de consejos. ¡La cosa no funciona así!

HACER CONTACTO

Cuando quieras contactar con un pariente o antepasado muerto, tienes que prepararte exactamente de la misma manera que para cualquier otro tipo de canalización (véanse páginas 228-231). El hecho de que puedas haber conocido muy bien a esa persona durante mucho tiempo, y de que os améis mutuamente, no contrarresta la necesidad de protegerte de las entidades invisibles y del choque que puede sufrir tu

Considera la posibilidad de contactar con alguien a quien quisiste mucho, como tu tía favorita.

cuerpo físico si se producen interrupciones repentinas durante la canalización.

Asimismo, como cualquier otra forma de canalización, debes comprobar la calidad de la comunicación para asegurarte de que viene de la persona con la que deseas contactar (véanse páginas 236-237). Sin embargo, la calidad y la pureza de tu intención ayudan a protegerte. Si estás haciendo contacto porque sientes un amor genuino por la persona que está en el mundo espiritual, esto te dará mucha más protección que si te pones en contacto porque quieres preguntar a tu tío dónde escondió su dinero, o si te puede decir el ganador de la próxima carrera de caballos. Es más probable que estos motivos atraigan entidades desagradables que se alimenten de tus emociones.

ESTABLECER LA CONEXIÓN

Sigue las mismas normas de preparación que has seguido para otros tipos de canalización. En el caso ideal debes pensar en establecer contacto con tu pariente o antepasado fallecido con antelación a fin de darle tiempo a reordenar su propio calendario, si fuera necesario, para que pueda estar disponible. En contra de la opinión popular, los espíritus no pasan el tiempo tocando el arpa sentados en nubes algodonosas.

Es conveniente contar con una fotografía o retrato de la persona con la que deseas contactar. Alternativamente podrías sostener uno de sus objetos personales, como su reloj. Enfoca tus pensamientos en la persona y deja que un sentimiento de puro amor fluya a través de ti, llenando tu chakra corazón (véanse páginas 72-73) de un brillo cálido. Ahora estás preparado para empezar la meditación que te pondrá en contacto con tu pariente o antepasado.

MEDITACIÓN PARA CONTACTAR CON UN PARIENTE

1 Límpiate, toma tierra, equilíbrate (véanse páginas 24-25) y protégete (véanse páginas 104-107) de la manera habitual, y a continuación siéntate en una silla cómoda con los dos pies apoyados en el suelo.

2 Cierra los ojos y respira profundamente tres veces para relajarte. Siente que las tensiones salen de ti con cada espiración. Con cada inspiración, siente que la placidez y la armonía entran en tu cuerpo.

3 Ahora imagina que estás de pie en tu lugar favorito de la naturaleza. Puede ser una playa especial, un lugar en el campo o un jardín maravilloso. Siente que estás allí. Sintoniza completamente con el entorno. Escucha o ve los pájaros cantar, escucha el estruendo de las olas chocando contra la arena de la playa o el murmullo del viento en los árboles. Estate realmente allí.

4 Cuando estés totalmente inmerso en tu entorno, mira a tu alrededor. Date cuenta de que allí al lado hay un ancho río y un puente que lo cruza. El río es tan ancho que no puedes divisar la otra orilla sin cruzar el puente. Empieza a caminar por el puente, tomando nota de su aspecto y de tus sensaciones. Escucha el sonido del río fluyendo debajo del puente.

5 Cruza al otro lado del río. Al pie del puente hay una puerta. Ábrela y atraviésala (cerrándola detrás de ti) para entrar en un entorno precioso y pacífico. Delante de ti está la casa en la que vivió tu pariente o antepasado. Si no conoces el aspecto que tenía su casa, confía en la imagen que venga a ti. Percibe todos los detalles de su aspecto. Observa el tejado y la chimenea. Mira las ventanas y las puertas. Camina hacia la casa y entra en el jardín que se extiende delante de la puerta principal. Observa las plantas del jardín.

6 En este jardín hay un gran manzano. Tu pariente está sentado en una silla debajo de él. Delante de él hay otra silla para ti. Parece cómoda y sientes que te invita a sentarte.

Saluda cálidamente a tu pariente, como habrías hecho en vida, y dale las gracias por encontrarse contigo. Si nunca os conocisteis cuando el pariente o antepasado estaba vivo, preséntate educadamente y explícale por qué has solicitado este encuentro.

7 Siéntate y empieza a conversar con tu pariente. Escucha lo que dice, y anótalo si es apropiado, siempre que estés recibiendo la información en forma de palabras.

8 Cuando concluya la conversación, da las gracias a tu pariente y dile adiós. Sal del jardín y dirígete al puente y a la puerta que está al pie del mismo. Abre la puerta y atraviésala, asegurándote de cerrarla detrás de ti. Oye o ve cómo se cierra. Camina por el puente hasta llegar al otro lado, y después vuelve al punto de partida en el hermoso entorno que elegiste.

9 Ahora empieza a contar en orden descendente desde cinco. Con cada número, estás cada vez más alerta y más consciente de todo lo que te rodea. Cuando hayas contado hasta uno, te sentirás despierto en su totalidad y de vuelta en tu silla.

10 Abre los ojos, estira los brazos y piernas, y moviliza los dedos de las manos y de los pies.

Ángeles

La ayuda angélica nos rodea por doquier. Lo único que tenemos que hacer es pedirla. Hay momentos en los que recibimos ayuda angélica sin haberla pedido, aunque es posible que no nos demos cuenta de que eso es lo que está ocurriendo. Existen muchos casos documentados de intervenciones angélicas, generalmente en circunstancias dramáticas. Por ejemplo, podrías tropezarte en medio de una calle con mucho tráfico y ser ayudado a ponerte en pie por un hombre que parece haber salido de la nada justo antes de que un autobús te atropelle. El hombre te guía delicadamente hasta un lugar seguro y tú le das las gracias, pero cuando vuelves a mirar a tu alrededor, ha desaparecido. Es posible que fuera un ángel enviado para salvarte de ser atropellado por el autobús.

Los ángeles también pueden aparecer en circunstancias menos amenazantes. ¿Has tenido alguna vez una charla espontánea con un extraño que pasaba y sentiste que la conversación iba más allá de las conversaciones normales de cada día? Tal vez esta persona te dijo algo que te hizo pensar, algo que te guió en una nueva dirección o que respondió a una pregunta con la que habías estado peleándote durante mucho tiempo. Esa persona puede haber sido un ángel enviado para ayudarte.

Los ángeles esperan a ser convocados. Adquiere el hábito de trabajar con ellos cada día.

Hay un ángel que cuida de cada país del mundo.

SOLICITAR AYUDA

Hay ejemplos de ángeles que aparecen precisamente donde los necesitamos, sin haberlos convocado conscientemente. Pero en otras ocasiones es muy útil pedir a un ángel que te ayude para un propósito específico. Es posible que quieras pedírselo a tu ángel guardián, o tal vez prefieras contactar con un ángel especializado en tu necesidad particular. En el resto de esta sección encontrarás descripciones de ángeles a los que puedes convocar, así como información sobre los aspectos de la vida en los que les encanta ayudarte, y las formas de invocarlos. Y también encontrarás información para invocar a tu propio ángel guardián y al ángel que cuida de tu casa.

Tu ángel guardián

Cada cual tiene su ángel guardián. Tú tienes uno, aunque no seas consciente de su presencia. Este ángel está contigo a lo largo de tu vida, más cerca de ti de lo que podrías llegar a creer. Tu ángel guardián está contigo en medio de tus triunfos y tragedias, así como durante esos días anodinos en los que tu vida simplemente va pasando. Cuando mueres, el ángel guardián sigue estando contigo, ayudándote a hacer la transición a la vida espiritual. Y volverá a repetir todo el proceso cuando vuelvas a encarnarte en la tierra.

Lo que a mucha gente le resulta difícil entender es que tienen que pedir ayuda a su ángel guardián antes de que él pueda interceder por ellos. El ángel tiene que obedecer la ley espiritual que dice que la ayuda solo puede darse cuando se solicita; de cualquier otro modo supone una interferencia.

Tu ángel guardián anhela que le pidas ayuda porque entonces puede serte muy útil. Sin embargo, cada vez que necesites su apoyo tienes que pedírselo. No basta con pedírselo una vez e imaginar que se

Tu ángel guardián solo puede venir en tu auxilio cuando se lo pides.

pondrá en acción cada vez que lo necesites. Debes solicitar su ayuda en cada ocasión.

CONVOCAR A TU ÁNGEL

1 Para invocar a tu ángel guardián, encuentra un momento tranquilo en el que sepas que nadie va a molestarte.

2 Puedes hablarle en voz alta o mentalmente, aunque la invocación es mucho más poderosa cuando le pones palabras, y debes hablar desde el corazón. Por ejemplo, podrías decir: «Querido ángel guardián, gracias por estar conmigo en este momento. Por favor, ayúdame a... [describe la ayuda que deseas], de modo que el resultado sea para el mayor bien de todos los implicados».

3 Es muy cortés dar las gracias a tu ángel después de que te haya ayudado, aunque aún no hayas recibido los beneficios. Simplemente sabe que estos vendrán, y muestra tu gratitud por ellos.

La jerarquía de los ángeles

Se cree que los ángeles son benevolentes mensajeros de Dios. La creencia tradicional dice que son espíritus puros que nunca se han encarnado como seres humanos, aunque algunos autores lo niegan. Los ángeles a menudo tienen un papel destacado tanto en el Antiguo como en el Nuevo Testamento de la Biblia, aunque su presencia no se limita a la cristiandad. Por ejemplo, el arcángel Gabriel fue el que dio a María la noticia de que iba a dar a luz al hijo de Dios, y este mismo ángel, como el Espíritu de Verdad, dictó el Corán a Mahoma. En el siglo XV, Juana de Arco declaró que Gabriel le había dicho que rescatara a Francia de la invasión del ejército inglés.

LOS REINOS ANGÉLICOS

Aunque los escritos que se han divulgado sobre el tema de los ángeles son antiguos y muy diversos, hay unas pocas teorías que han sido aceptadas y aún siguen vigentes en nuestros días. Una de ellas fue postulada por Dionisio el Areopagita, un místico griego del siglo VI dC.

Dionisio escribió *La Jerarquía Celestial*, en la que dividió el reino angélico en nueve órdenes agrupadas en tres coros. Santo Tomás de Aquino, el teólogo italiano del siglo XIII, desarrolló posteriormente esta teoría, honrando la estructura jerárquica propuesta por Dionisio.

EL PRIMER CORO

Estas tres órdenes de ángeles están más cerca del Señor y, según argumentó Tomás de Aquino, están dedicadas a su adoración directa.

Serafines

Es la orden de ángeles más cercanos a Dios, y consecuentemente se les conoce como «los ardientes», porque están encendidos de amor y devoción a Dios. Uriel y Miguel pertenecen a esta orden.

Querubines

Forman la siguiente orden de ángeles. Su nombre significa «los que interceden», y tienen un papel protector que les fue asignado originalmente en la antigua Asiria, donde se les retrató con grandes cuerpos alados y rostros humanos. Dios los puso al Este del Jardín del Edén, y posteriormente su imagen quedó grabada en el Arca de la Alianza. En esta orden están incluidos Jophiel y Gabriel.

Tronos

También conocidos como «los de múltiples ojos», a estos ángeles se les retrata como ruedas de fuego Divino que rodean el trono de Dios. Ellos ejecutan las decisiones de Dios y son los ángeles de impartir justicia. Los Tronos incluyen a Japhkiel y Raziel.

Izquierda: Uriel está asociado con la luz.

Raziel, uno de los Tronos, tiene conocimiento de todos los secretos del universo.

EL SEGUNDO CORO

Según los escritos de Tomas de Aquino, esta segunda orden de ángeles está dedicada a conocer a Dios a través del universo.

Dominaciones

Dios muestra su misericordia a través de unos ángeles llamados Dominaciones, que son portadores de sabiduría y conocimiento. Cada uno de ellos lleva un cetro y una espada, mostrando el poder de Dios expresado en toda la creación. Aquí se incluye a Zadkiel y Zacharel.

Zadkiel pertenece a las Dominaciones. Es el ángel de misericordia y compasión.

Virtudes

Estos son ángeles que muestran valor, y se han ganado el nombre de «los brillantes». Trabajan conjuntamente con los Tronos (miembros del primer coro) para llevar bendiciones y recompensas a los seres humanos que han vencido sus dificultades. Haniel está incluido en esta orden.

Potestades

Estos ángeles trabajan sin temor ni fatiga para impedir que los ángeles caídos y los llamados diablos se apoderen del universo. Las Potestades incluyen a los ángeles de la muerte y del nacimiento. Cuando morimos, las Potestades nos guían durante la transición hacia la siguiente fase de nuestra existencia. Se cree que están dirigidos por Chamuel.

EL TERCER CORO

Estos son los ángeles encargados de cuidar de los seres humanos, y por tanto se les conoce como ángeles asistentes.

Principados

Estos ángeles guardan a las naciones del mundo, así como a sus líderes. También protegen las religiones del mundo, y a los países, las grandes organizaciones y los lu-

gares sagrados. Se dice que los Principados incluyen a Raguel.

Arcángeles

Estos son los jefes de los ángeles, y llevan los mensajes de Dios a los humanos. Cada uno de ellos tiene un aspecto masculino y otro femenino, y cada uno está conectado con un elemento particular: aire, fuego, agua o tierra. Tienen control sobre los numerosos ejércitos de ángeles que batallan continuamente contra las fuerzas de la oscuridad. Existe cierto debate con respecto a cuántos son, y generalmente se cree que incluyen a Miguel, Gabriel y Rafael.

Ángeles

Aunque a estos ángeles se les asigna el rango más bajo en la jerarquía, eso no significa que sean menos importantes que el resto de sus hermanos. Los ángeles trabajan habitualmente como intermediarios entre Dios y los seres humanos, y entre Dios y la naturaleza. Aquí están incluidos los ángeles guardianes de cada ser humano. Todos ellos esperan que les convoquemos cuando les necesitemos.

Chamuel es el ángel del amor; está especializado en ayudarnos a encontrar objetos perdidos.

Invocar a los ángeles

Si quieres la ayuda de un ángel, debes pedirla conscientemente. Pero ¿cómo se hace esto? ¿Únicamente debes pedir ayuda cuando estés en un lugar tranquilo, en un estado meditativo, o cuando crees que has sido virtuoso? ¿Seguirá viniendo un ángel a auxiliarte si te has portado mal o si estás en medio de un lugar ajetreado, como un centro comercial en vísperas de Navidad?

No hay necesidad de preocuparse. Los ángeles vienen a asistirnos cuando se quiera y dondequiera que les invoquemos. Se sienten felices de atendernos, aunque demuestra buena cortesía por nuestra parte solicitar la asistencia educadamente y después darles las gracias.

QUÉ SE PUEDE PEDIR

Quizá sientas que en realidad tu solicitud no es lo suficientemente especial como para merecer respuesta. Por ejemplo, si vas a emprender un largo viaje y te preocupa la posibilidad de perder el avión o de encontrar atascos de tráfico en la carretera, podrías pensar que estas preocupaciones son demasiado triviales como para molestar a los reinos angélicos con ellas. En realidad, no hay un punto de inflexión a partir del cual los ángeles no te ayudarán porque la petición no les parezca importante. Los ángeles ayudan siempre, incluso si consideras que tu petición es extremadamente irrelevante. Por ejemplo, muchas personas piden ayu-

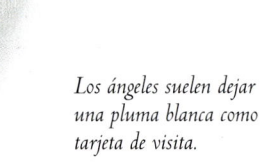

Los ángeles suelen dejar una pluma blanca como tarjeta de visita.

Signos de la ayuda angélica

Qué simple y gratificante sería si cada vez que solicitases la asistencia angélica la recibieras alto y claro, sin dudas ni confusión. Sin embargo, no siempre sucede así. En lugar de que un ángel se materialice frente a ti, con sus alas y su halo, para hacer lo que tú quieras y volver a desaparecer, probablemente tendrás que confiar en indicaciones más sutiles de haber recibido su apoyo.

Por ejemplo, podrías tener un destello repentino de inspiración, alguien podría ofrecerte exactamente la información que has estado buscando, o un problema casi irresoluble que has arrastrado durante meses podría resolverse mágicamente. También podrías sentirte abrumado por una sensación de amor y bienestar. Otro signo de que un ángel ha estado cerca es encontrar una pluma blanca en algún lugar donde no te la esperas.

da a los ángeles para encontrar plazas de aparcamiento. El hecho mismo de que necesites ayuda para algo implica que se sentirán contentos de prestártela. Sin embargo, los ángeles no intervendrán si tu petición exige hacer daño a otra persona, como cuando quieres vengarte. De hecho, esta energía rebotará sobre ti y tendrá consecuencias desagradables.

CÓMO PEDIR AYUDA

Puedes pedir ayuda en cualquier momento y lugar. No tienes que estar en un sitio especial ni sagrado. Simplemente solicita asistencia, en silencio o en voz alta, y confía en que llegará. Acuérdate siempre de pedir con educación y de dar las gracias por la llegada del ángel, porque esto te ayudará a sintonizarte energéticamente con su presencia.

INVOCAR AL ÁNGEL DE TU HOGAR

Si quieres trabajar con los ángeles, una de las mejores maneras de hacerlo es empezar por tu propia casa. Cada hogar tiene su propio ángel, aunque la mayoría de nosotros no somos conscientes de ello. Si quieres crear un ambiente más tranquilo y pacífico a tu alrededor, o si simplemente quieres invitar a la mayor cantidad posible de presencia angélica en tu vida, puedes invocar cada día al ángel de tu hogar.

1 Selecciona un zona de una habitación que puedas dedicar al ángel, como la repisa de la chimenea del salón o una esquina de la cómoda en tu habitación. Asegúrate de que el lugar esté limpio y debidamente ordenado, y después decóralo con un jarrón de flores frescas, una vela, un cristal, una concha preciosa, el cuadro de un ángel o cualquier otra cosa que te parezca apropiada u oportuna. Este será tu altar.

2 Cada mañana, poco después de despertar, sintiéndote en calma y relajado, ponte frente al altar y saluda al ángel de tu hogar. Puedes hacerlo en voz alta o mentalmente. Dale las gracias por estar contigo, y presta atención a tus sentimientos e impresiones.

A veces sabrás que el ángel se ha acercado porque el ambiente de la habitación será más ligero, o el aire se hará más denso. Incluso es posible que huelas a flores o que oigas notas musicales. Y aunque no sientas nada, sabes que el ángel de tu hogar está contigo.

3 Si tienes una petición importante o sensata, exprésala educada y consideradamente en voz alta, solicitando el mayor bien para todos los implicados, y a continuación vuelve a dar las gracias al ángel por ayudarte.

INVOCAR A ÁNGELES PARA PROPÓSITOS ESPECÍFICOS

Cada ángel tiene asignadas las tareas que debe desempeñar en el universo, y entre ellas se incluye la de ayudar a los seres humanos en el transcurso de sus vidas. Existen incontables ángeles, cada uno de los cuales tiene un papel que desempeñar, y está más allá del ámbito de este libro ofrecer una lista de todos ellos. No obstante, aquí te presentamos a unos pocos ángeles a los que puedes querer invocar en función de tus necesidades. Si te preocupa recordar qué ángel satisface cada propósito, o si el ángel que necesitas no aparece aquí, simplemente pide que te sea enviado el ángel adecuado, sabiendo que eso va a ocurrir.

Aquí, en la tierra, tratamos con el tiempo lineal y, como a menudo nos decimos unos a otros cuando estamos apresurados, no podemos estar en dos lugares a la vez. Por suerte, los ángeles no tienen estas restricciones. Pueden estar en muchos sitios distintos al mismo tiempo, de modo que no pienses que si invocas al arcángel Miguel te podrán en lista de espera y tendrás que aguardar semanas hasta que te llegue el turno. Estará contigo instantáneamente.

Arcángel Gabriel

Gabriel significa «Dios es mi fuerza». A diferencia de otros ángeles situados en los estratos angélicos superiores, generalmente se cree que Gabriel es femenino. Su papel principal es ser el mensajero de Dios, y envía comunicaciones importantes a los seres humanos. Por consiguiente, es un ángel al que invocar si quieres mejorar tu comunicación con el resto del mundo, si deseas recibir inspiración Divina mientras tra-

Gabriel nos permite conectar con nuestro potencial Divino y realizarlo.

Miguel es el ángel de la valentía.

bajas en un proyecto artístico o creativo, o si quieres que Dios te guíe para tomar una decisión. Gabriel también es el ángel al que has de invocar cuando desees guía con respecto a concebir o dar a luz a un niño.

Arcángel Miguel

A Miguel, cuyo nombre significa «el que se parece a Dios», se le suele retratar sosteniendo la balanza de la justicia y una espada con la que mata al dragón o lucha contra Satán. Su papel es combatir la negatividad y el temor en el mundo. Por tanto, él es el ángel al que invocar cuando necesitas valentía y determinación, o cuando te quedas empantanado en pensamientos sombríos y pesimistas. También te dará guía si no estás seguro de qué dirección seguir en la vida.

Arcángel Uriel

Uriel es el Regente del Sol, y su símbolo es una mano abierta sosteniendo una llama. Su nombre significa «fuego de Dios», y es el más radiante de los ángeles. Es el ángel del «trueno y del terror», y por tanto es el que tienes que invocar si necesitas ayuda en el campo meteorológico, y especialmente si te preocupan las condiciones meteorológicas extremas o si estás lidiando con sus consecuencias. Uriel también es el ángel al que invocar si deseas alcanzar tu pleno potencial y comprender mejor quién eres.

Arcángel Metatrón

Metatrón es un ángel especial porque en su pasado fue humano. Se cree que originalmente fue el profeta Enoch, que era un escriba, y que Dios le envió al séptimo cielo (el reino celestial más elevado), donde

Metatrón es un buen ángel al que invocar si estás intentando motivarte para entrar en acción.

continúa trabajando en la conservación de los Registros Akáshicos, también conocidos como El Libro de la Vida. Por consiguiente, Metatrón es el ángel al que invocar cuando necesitas inspiración para escribir. También te ayudará a alcanzar tu potencial como ser humano amoroso y considerado. El significado de su nombre es incierto.

Arcángel Rafael

Rafael significa «Dios ha curado», y se le suele retratar sosteniendo un caduceo o bastón alrededor del cual se enroscan dos serpientes.

El caduceo es el símbolo clásico de la sanación, y por tanto Rafael es el ángel al que invocar cuando quieres recibir sanación Divina o enviársela a alguien.

Rafael también envía sanación a los animales, de modo que es el ángel con el que contactar si te preocupa la salud de tu animal de compañía. Los sanadores pueden trabajar con Rafael pidiéndole guía. Tal vez debido a su trabajo de sanación se cree que es el más amistoso y cercano de los ángeles.

Arcángel Raguel

Su nombre significa «amigo de Dios», y su tarea consiste en generar armonía y orden entre sus compañeros arcángeles y ángeles. También es muy hábil creando armonía en las relaciones humanas problemáticas, y es el ángel al que invocar cuando te sientes atrapado en algún conflicto con alguien. Ayuda a resolver discusiones y disputas de todo tipo, y también defiende las causas de los más débiles.

Rafael es el ángel al que invocar si necesitas ayuda para sanar.

Arcángel Haniel

En la antigua Babilonia, Haniel trabajaba como emisario Divino con los sacerdotes-astrónomos que estudiaban astrología y otras formas de adivinación. También les ayudaba a entender el poder y la energía de la Luna, y a conectar con su propia fuerza espiritual. Por tanto, Haniel es el ángel al que invocar cuando desees ayuda y guía para fortalecer tus capacidades psíquicas o trabajar en contacto con la energía lunar. Haniel significa «gracia de Dios», y podemos pedirle que traiga más gracia a nuestra vida, especialmente en forma de amigos y familiares amorosos.

Haniel trabaja para producir una mayor sensación de gracia y satisfacción emocional.

Espíritus de los maestros

Además de conectar con los ángeles para pedirles ayuda, también puedes hacer contacto con los espíritus de los maestros. Son los grandes profesores y profetas, también conocidos como maestros ascendidos, que una vez vivieron en la tierra y que han sido reconocidos y apreciados desde hace mucho tiempo por su espiritualidad pura y su sabiduría. Proceden de todas las religiones, culturas y civilizaciones, y no tienes que practicar la fe con la que cada uno de ellos está asociado para establecer contacto psíquico con él. Los dioses y diosas son otra rama de estos espíritus magistrales con los que puedes contactar. Si crees que solo tenían sitio en las páginas de los libros sobre mitos, ¡prepárate para llevarte una gran sorpresa!

ATREVERSE A CONTACTAR

Si el concepto de contactar con el espíritu de un maestro es nuevo para ti, la idea puede parecer bastante extraña, y posible-

No tienes que ser budista practicante para sentir paz al contemplar una estatua de Buda.

Puedes elegir trabajar exclusivamente con el espíritu de un maestro, como Buda o Ganesha.

Ejemplos de espíritus de maestros

Existen muchos maestros ascendidos, y todos ellos viven en los mundos espirituales y han hecho voto de dedicarse a ayudar a los seres humanos para que puedan aprender y progresar a lo largo de sus múltiples encarnaciones en la tierra. Estas almas maestras han retrasado su propio progreso en los reinos celestiales superiores para quedarse cerca de nosotros y ayudarnos. Entre ellos podemos incluir a Jesucristo, la Virgen María, Buda, Kuan Yin, Maitreya, Krishna y Babaji (véanse páginas 278-279).

También hay muchos dioses y diosas que están esperando venir en nuestra ayuda si les invocamos. Como los maestros ascendidos, proceden de todas las culturas, incluyendo las de Grecia, India, Egipto, Irlanda y Gran Bretaña. Entre ellos podemos contar a Ganesha, Vesta, Atenea, Lakshmi, Thoth y Brigit (véanse páginas 280-281).

mente incluso un poco imponente. Esto es especialmente cierto si fuiste educado en una religión dogmática occidental, que probablemente te enseñó que el único camino para acceder a sus maestros ascendidos es a través de su iglesia. Dudarás de poder establecer contacto con el maestro espiritual elegido sin que un sacerdote o ministro actúe como intermediario. Incluso es posible que te hayan enseñado que el contacto directo es blasfemo o está prohibido. O tal vez sientas que tú no eres suficientemente «bueno» para establecer el contacto por ti mismo. Puede resultar difícil dejar atrás estas creencias arraigadas.

No obstante, en lo que atañe a los espíritus de los maestros, nada de esto importa. Ellos se dedican a ayudar a los seres humanos, y eso es lo que quieren hacer. Si un ser humano necesita su ayuda, se sienten encantados de ofrecerla. Al igual que ocurre con los ángeles, no es necesario que la petición sea muy importante. Los maestros espirituales no tienen una escala con la que medir la seriedad de tu necesidad; simplemente escuchan tu petición y se apresuran a satisfacerla.

VE EN PAZ

Cuando pidas ayuda al espíritu de un maestro, debes asegurarte de que tu solicitud no exija dañar deliberadamente a otra persona. Tu intención es muy importante, de modo que tienes que formularla bien. En el caso ideal, debes solicitar que tu petición produzca el mayor bien para todos los implicados. Esto mostrará que tus intenciones son puras y que quieres el bien de todos en tu corazón.

HACER TU PETICIÓN

¿Cómo aproximarte al espíritu de un maestro? Es posible que te sientas relajado ante la posibilidad de hablar con un ángel, pero que te sientas mucho más cohibido ante la idea de hablar directamente con Jesús o con Buda. ¿Debes arrodillarte, rezar antes, o encender una vela? Puedes hacer cualquiera de estas cosas, o todas ellas si te parece adecuado, y si lo deseas puedes meditar primero para calmar la mente y estar en un estado de ánimo contemplativo. Alternativamente, podrías contactar en meditación con el espíritu de un maestro. No obstante, la vida no es siempre así de simple, y puede haber ocasiones en las que desees hacer contacto en entornos menos auspiciosos o pacíficos. Por tanto, tal vez prefieras entrenarte para iniciar el contacto con el espíritu de un maestro durante tus actividades cotidianas. A él o ella no le importará.

Invocar a los espíritus de los maestros

Cuando te sientas preparado para invocar al espíritu de un maestro, lo único que tienes que hacer es pensar en el maestro con el que desees contactar y hacer tu petición. Al igual que ocurre con los ángeles, el espíritu de cada maestro tiene un deber dife-

Después de iluminarse, Kuan Yin eligió mantener la forma humana para ayudar a todos los seres.

rente hacia las razas humana y animal. Por consiguiente, es posible que desees elegir al maestro espiritual que esté más en sintonía con la naturaleza de tu petición, después de haber consultado la lista que viene a continuación. Alternativamente, también puedes pedir que el maestro que sea más adecuado para la tarea satisfaga tu petición.

Cuando sientas que se aproxima el espíritu de un maestro, pregúntale educadamente su nombre. Si dudas de la autenticidad del espíritu que ha contactado contigo (ocasionalmente podrías contactar con un espíritu travieso que pretenda ser algo que no es), pregúntale tres veces si sus intenciones son puras. La ley espiritual garantiza que la tercera respuesta será verdadera.

ÁREAS DE ESPECIALIZACIÓN

Esta lista da una breve descripción de las áreas en las que están especializados los espíritus concretos, y puede ser útil a la hora de decidir a cuál de ellos invocar.

Jesucristo

Como lo fue en vida, Jesucristo es un sanador milagroso. Invócale cuando desees ayuda para curarte o para curar a otra persona. Su presencia siempre produce una profunda sensación de paz y amor.

La Virgen María

La madre de Jesús tiene una presencia dulce y amorosa. Es la protectora de todos los niños, de modo que puedes invocarla cuando necesites ayuda con un niño. Su misericordia es ilimitada.

Buda

Buda nos enseña la importancia de la moderación, y que los deseos conducen al sufrimiento. Si podemos liberarnos de los deseos, somos libres del sufrimiento. Cuando le invocas, aporta equilibrio, paz y una intensa sensación de calma.

Kuan Yin

Kuan Yin, la diosa budista de la compasión, nos ayuda a mostrar más comprensión hacia nosotros mismos y hacia los demás. Su nombre significa «la que oye los sonidos del mundo», y ha prometido que responderá a cualquiera que la invoque.

Maitreya

Se le conoce como el Buda del futuro, el que sucederá a Shakyamuni Buda. Su nombre significa «bondad amorosa», y se le suele representar como el Buda de la Risa, que trae alegría y sonrisas.

Krishna es el dios a invocar si quieres bendecir la comida o la bebida.

Babaji

Babaji fue un hombre, a menudo llamado Yogi-Cristo, que vivió en los Himalayas entre 1970 y 1984. Se le conoce como el «avatar inmortal», porque se cree que ha estado en forma física durante siglos. También se cree que Babaji ha sido la última encarnación de lo Divino. Basta con pronunciar su nombre con reverencia para recibir su bendición.

Ganesha

Con este dulce nombre, Ganesha es uno de los dioses hindúes más queridos. Es el dios que debes invocar si quieres emprender una nueva empresa o un nuevo proyecto, porque él te dará su bendición. También te ayudará a superar los obstáculos.

Krishna

Krishna, uno de los tres grandes dioses hindúes, es un héroe Divino que aporta bendiciones, alegría y amor. Está conectado con la comida, de modo que puedes invocarle para bendecir el alimento que tomas (véanse páginas 116-119).

Vesta

Este es el nombre de la diosa romana del hogar, que los griegos conocieron con el nombre de Hestia. Solicita su colaboración cuando te preocupe tu hogar o tu familia, o cuando estés buscando la casa perfecta para vivir.

Atenea
Es la diosa griega de la sabiduría y su símbolo es un búho. Invócala cuando tengas que tomar una decisión o desees una visión clara y objetiva de una situación que te inquieta.

Lakshmi
Es la diosa hindú que ha estado casada con Vishnú en cada una de sus encarnaciones. Se le considera la esposa perfecta, y es la diosa a invocar cuando percibas la necesidad de sanar una relación. También le puedes pedir que aporte abundancia a tu vida, y que incremente tu verdadera sensación de satisfacción.

Thoth
Thoth es el antiguo dios egipcio del conocimiento secreto y de la escritura. Invócale cuando necesites ayuda para expresar los pensamientos con palabras, y cuando estudies temas ocultos.

Brigit
Existen algunas variaciones en la escritura del nombre de esta diosa celta. Solicita su intervención cuando quieras concebir un hijo o necesites protección durante el parto.

Si la invocas, Brigit te ayudará cuando estés preocupada por tus hijos.

Amor psíquico y pareja del alma

¿Qué es una pareja del alma?

Si alguna vez has conocido a alguien y has sentido inmediatamente una afinidad con esa persona que tomaba la forma de afecto, familiaridad e incluso amor, es posible que se trate de una pareja del alma. Asimismo, si alguna vez has conocido a alguien y has experimentado un temor o desagrado instintivo hacia esa persona, también podría ser una pareja del alma. Estos dos tipos de vínculo entran en la categoría del amor psíquico, que describe cualquier clase de relación en la que hay una lección que aprender, una conexión de una vida anterior o una intensa vinculación psíquica. De hecho, podría ser que cada relación, por pasajera que sea, esté impulsada por algún tipo de amor psíquico, porque cada una de ellas tiene algo que enseñarnos.

Una pareja del alma es alguien a quien has conocido en una vida anterior, y, a menudo, a lo largo de muchas vidas. Durante tus numerosas encarnaciones, tu relación con esta persona habrá pasado por una amplia variedad de expresiones y facetas, como las de hermano y hermana, esposa y esposa, padre e hijo, profesor y discípulo, jefe y empleado, o médico y paciente. También es posible que hayáis tenido una relación problemática, como la de perseguidor y perseguido, o víctima y agresor. Incluso es posible que viváis tiempos difíciles en esta encarnación.

MISMAS ALMAS, DISTINTAS RELACIONES

No siempre representamos el mismo papel el uno para el otro porque tenemos que explorar todas las facetas de la conexión que compartimos. Por ejemplo, dos almas no aprenderían las múltiples lecciones que necesitan si siempre se encarnaran como esposo y esposa disfrutando de un matrimonio dichoso. A veces tenemos que resolver el karma (que, dicho de manera simple, significa las deudas y recompensas) que se han acumulado entre nosotros durante las encarnaciones compartidas, y esto no siempre es una experiencia cómoda. Por ejemplo, si los dos miembros de la pareja del alma fueron amantes en una vida anterior, pero su relación acabó porque uno de ellos fue infiel, en la próxima encarnación compartida los papeles pueden invertirse.

La relación con una pareja del alma puede ser romántica, pero esto no siempre es así.

PACTAR LAS DIFERENCIAS

Las parejas del alma acuerdan el guión de su próxima relación mientras están en el plano del alma, entre una vida y otra. Comentan lo que tienen que aprender el uno del otro y planean cómo llevarlo a cabo. Podrían acordar disfrutar de un aventura amorosa muy romántica que dure muy poco tiempo, o podrían ser unos amigos íntimos que se encuentran en la escuela de primaria y que solo la muerte separa en la ancianidad. Alternativamente, y aparte del amor que comparten sus almas, podrían decidir que su siguiente relación estuviera plagada de problemas y animosidad.

Podríamos considerar esto como una especie de juego de roles: una de las almas puede jugar el papel de «buena» y la otra el papel de «mala». Comentaremos esto más adelante.

Alguien que es tu hermana en una vida puede ser tu jefe en la siguiente.

Grupos del alma

Generalmente no tenemos solo un compañero del alma. Todos tenemos muchos de ellos, y generalmente encarnan al mismo tiempo que nosotros, de modo que compartimos al menos una parte de nuestras vidas. Estas personas pertenecen a lo que se denomina nuestro «grupo del alma», es decir, un grupo de almas que se mantienen juntas a lo largo de muchas vidas. En cada encarnación desempeñamos distintos papeles unos para otros. Podrías pensar en ello como en una compañía de teatro en la que las mismas almas representan distintos papeles en cada vida.

No siempre tenemos relaciones intensas en cada vida con cada persona de nuestro grupo del alma, es posible que a algunos de sus miembros solo les conozcamos brevemente en una vida concreta. Por ejemplo, el colega con el que te encantó trabajar durante seis meses y que después nunca volviste a ver podría ser un miembro de tu grupo del alma que entre brevemente en tu vida para después desaparecer. El vecino desagradable que te hunde en la miseria cada vez que lo ves también podría ser miembro de tu grupo del alma. Tal vez él haya elegido enseñarte una lección sobre la fortaleza y la compasión, y ambos habéis acordado aprender una lección sobre el amor incondicional.

Es probable que los miembros de tu familia inmediata y tus amigos íntimos pertenezcan a tu grupo del alma. Otras personas que han tocado tu vida, pero con las que no estás tan involucrado, también podrían ser otros miembros de dicho grupo.

Llamas gemelas

La noción de llamas gemelas fue mencionada originalmente por Platón en su *Simposio*, y de ahí le viene la fama. El filósofo sugirió que, originalmente, cada ser humano eran dos personas contenidas en un único cuerpo, con dos cabezas, cuatro brazos y cuatro piernas. Los seres humanos eran muy felices en este estado; de hecho, eran tan felices, que tenían mucha confianza en sí mismos y cuestionaron a los dioses. Zeus se enfureció y respondió rompiendo cada ser humano en dos, de modo que las dos mitades estaban separadas y pasaban el resto de sus vidas buscándose mutuamente.

Se cree que las llamas gemelas son diferentes de las parejas del alma porque proceden de la misma persona. Tu llama gemela es verdaderamente tu otra mitad, y cuando la encuentres te sentirás completo. No obstante, las llamas gemelas son notablemente elusivas, y a menudo ella está en los planos del alma mientras tú estás en la tierra, y viceversa. Algunas autoridades creen que cuando las llamas gemelas vuelven a reunirse sobre la tierra, viven su última reencarnación física.

ENCONTRAR AL «UNO»

La idea de encontrar a tu llama gemela es muy seductora y algunos van rechazando todas las relaciones porque no son ese «ser tan especial». Saben que no han encontrado a su llama gemela porque aún no hay suficientes similitudes con la otra persona.

Como en el caso de los gemelos idénticos que se separan al nacer, cuando las llamas gemelas se descubren mutuamente, se dan cuenta de que sus vidas han discurrido casi en paralelo. Tienen los mismos gustos y aversiones, las mismas experiencias, incluso es posible que hayan vivido en el mismo lugar, o que compartan su amor por los mismos países.

Curiosamente, se ha descubierto que más del 50 por 100 de los embarazos empiezan siendo gemelos. En la mayoría de los casos uno de los fetos muere, y puede ser absorbido en el útero por el cuerpo del otro gemelo o nacer muerto. ¿Tal vez en estas ocasiones las llamas gemelas están juntas en el útero durante un breve periodo antes de volver a separarse?

La relación con una llama gemela es intensa y uno siente realmente que ha encontrado la otra mitad de sí mismo.

Reencarnación

Para creer en las parejas del alma con las que se comparten muchas vidas tienes que creer en la reencarnación. Este es el concepto de que el alma muere y renace muchas veces en la tierra. En cada vida, el alma se desarrolla e intenta resolver el karma que ha ido acumulando en encarnaciones anteriores.

ACTITUD RELIGIOSA

La reencarnación es una creencia de la que participan muchas de las grandes religiones del mundo. El hinduismo, el jainismo, el sikhismo, el budismo tibetano y la cábala enseñan la importancia de la reencarnación. Antiguamente el cristianismo también creía en la reencarnación, hasta que prácticamente toda mención tanto al karma como a la reencarnación fueron eliminadas de la Biblia en el Segundo Concilio de Constantinopla, en 553 dC. No obstante, los evangelios gnósticos, que fueron des-

Un niño prodigio puede estar expresando un talento que desarrolló en su vida anterior.

cubiertos en 1945 y se cree que fueron escritos como cien años después del nacimiento de Cristo, hablan claramente del karma y de la reencarnación.

REENCARNACIÓN EN TÍBET

Existen algunos casos bien conocidos y documentados que apuntan a la existencia de la reencarnación. El más famoso es probablemente el del linaje del Dalai Lama: se cree que cada uno de ellos es la reencarnación del Dalai Lama anterior. El decimocuarto Dalia Lama fue hallado cuando era un niño pequeño llamado Lhamo Dhondrub, en un pueblo remoto de Tíbet. Reconoció al lama Kewtsang Rinpoché, que vino a verle disfrazado, le habló en el dialecto de Lhasa que habría empleado en su anterior encarnación y también reconoció al sirviente del lama, Amdo Kasang, que pretendía ser el líder del grupo. A continuación reconoció correctamente diversas posesiones que habían pertenecido a Thupten Gyatso, el decimotercer Dalai Lama. En su cuerpo también se hallaron las marcas específicas que están asociadas con los Dalai Lama.

Finalmente, describió la caja en la que estaban almacenados los dientes postizos del decimotercer Dalai Lama. A estas alturas, no cabía ninguna duda de que aquel niño era ciertamente la reencarnación del decimotercer Dalai Lama.

ACTITUDES CULTURALES

Algunas culturas son muchos más receptivas a la idea de la reencarnación que otras. Existen muchos casos documentados en India, especialmente de niños pequeños que insisten en que no están viviendo es sus «verdaderas» familias y que su lugar es otro, tal vez en otra ciudad y con otra familia. Muy a menudo parece que estos niños murieron y se reencarnaron rápidamente, de modo que pueden recordar y reconocer a los miembros de su antigua familia, y a veces muestran una sorprendente capacidad de hablar el dialecto familiar, o de encontrar inmediatamente el camino a la casa familiar, aunque están en un lugar desconocido.

A medida que los niños crecen, a veces se olvidan de todos los detalles de su familia anterior y se establecen en su «nueva» vida familiar. Otros siempre se mantienen en contacto con su familia anterior, lo que puede producir celos en su familia actual.

¿Por qué olvidamos?

El profesor Ian Stevenson, un pionero de estas investigaciones, ha documentado y verificado muchos casos de reencarnación. Si son ciertos, esto implica que todos hemos vivido anteriormente. En tal caso, ¿no deberíamos recordar nuestras vidas pasadas?

Es posible que muchos de nosotros las recordemos de maneras sutiles, a las que es posible que no prestemos mucha atención. La mujer que siempre ha anhelado visitar Japón, y cuya casa está llena de objetos japoneses, podría estar recordando una encarnación anterior en aquel país. La niña pequeña que toma un violín y sabe tocarlo inmediatamente puede estar experimentando intensos recuerdos de una vida anterior en la que fue una hábil violinista. El turista que visita una ciudad extranjera por primera vez e inexplicablemente sabe cómo moverse por ella sin la ayuda de una guía también podría estar conectando con una vida anterior.

Tal vez la principal razón por la que no solemos recordar nuestras vidas pasadas es que (como en el caso de los niños indios), los recuerdos de vidas anteriores producen mucha alteración y confusión. Tenemos que vivir plenamente nuestras vidas actuales, sin dejarnos atrapar por los recuerdos de anteriores existencias.

La reencarnación se acepta mucho más rápidamente en Oriente que en Occidente.

Relaciones fáciles y difíciles

Sería ingenuo esperar que la relación con una pareja del alma sea siempre fácil.

La vida sería muy simple si siempre tuviéramos relaciones armoniosas con nuestras parejas del alma. Esto nos ayudaría a identificarlas, y podríamos contentarnos con el conocimiento de que las relaciones entre compañeros del alma son fáciles y amables. Sin embargo, no siempre es así.

Muy a menudo, tenemos un compañero del alma que nos quiere tanto que está dispuesto a mantener una relación difícil con nosotros. Incluso puede estar dispuesto a que le odiemos en nuestra vida actual para darnos la oportunidad de aprender lecciones importantes sobre el perdón y el amor incondicional. Por este motivo, nuestras relaciones más problemáticas suelen ser las que más desarrollo y crecimiento nos aportan.

APRENDER DE LAS RELACIONES

Por supuesto, esto no significa que todas las relaciones con la pareja del alma tengan que ser difíciles. A menudo son agradables, satisfactorias y enriquecedoras. Pero no siempre implican el acontecer de esa relación libre de sobresaltos. Si piensas en ello, te darás cuenta de lo importante que es que otras personas te estimulen mentalmente, y a veces sentir que te plantean desafíos. Por el contrario, si estás con alguien que está de acuerdo con todo lo que dices, es posible que al principio sea agradable, pero la conversación pronto se volverá aburrida. No aprenderás nada de ella, mientras que aprenderás mucho de la persona que discuta contigo, que te pida que matices lo que dices, o que te anime a reírte de ti mismo. Lo mismo ocurre en las relaciones a largo plazo. No tenéis que llegar al punto de lanzaros platos el uno al otro para tener una relación animada y satisfactoria.

PRIMEROS ENCUENTROS

Cuando te encuentras con alguien por primera vez, tu reacción te dará pistas sobre si esa persona es tu pareja del alma. Es posible que sintáis que ya os conocéis, y que empecéis a charlar como si fueseis viejos amigos. Incluso es posible que os enamoréis a primera vista, lo que podría ser otra pista de que estáis repitiendo una relación anterior. Por otra parte, alguien podría disgustarte instantáneamente sin que haya ninguna justificación para tus sentimientos, y sin embargo vuestra relación podría desarrollarse a pesar de eso, haciendo que te preguntes qué está ocurriendo. Podrías tener sueños intensos con una persona, o ver a alguien más en su rostro, casi como si estuvieras viendo su identidad anterior.

MANTENER LA CONEXIÓN

A veces surgen problemas en las parejas del alma porque recuerdan su reencarnación anterior, aunque eso no sea adecuado en sus vidas actuales. Por ejemplo, dos compañeros del alma que fueron amantes en vidas anteriores podrían acordar previamente, estando en los planos del alma, que solo serán amigos en su próxima encarnación. Sin embargo, el vínculo entre ellos puede ser tan fuerte o tan familiar que, cuando vuelven a encontrarse en la tierra, confunden lo que estaba destinado a ser una amistad con el amor. Es posible que ambos estén casados con otras personas, y por tanto que su intensa conexión emocional genere dificultades imprevistas.

Otras emociones pueden haber quedado pendientes de una encarnación anterior y ser transferidas a la siguiente. Un ejemplo es la madre apegada que se resiste a que su hijo esté lejos de su vista, incluso cuando ya es adulto y tiene su propia familia.

Puede ocurrir que él fuera asesinado frente a ella en la anterior encarnación que compartieron, y en cierto modo ella nunca lo ha olvidado.

Por fortuna, no todos los contactos entre compañeros del alma causan problemas. A menudo se produce alegría, risa y complacencia cuando dos viejos amigos, que han pasado vidas juntos, vuelven a encontrarse. Es posible que no pasen mucho tiempo juntos, pero el vínculo entre ellos será muy profundo y significativo para ambos. Un ejemplo es la poderosa conexión que suele existir entre abuelos y nietos. El abuelo puede haber acordado con antelación vivir el tiempo suficiente para estar con el nieto mientras crece y cuidar amorosamente de él. Cuando el abuelo muere, continúa cuidando de su querido nieto en espíritu. Incluso es posible que sea su ángel guardián (véanse páginas 260-261), y que se haya encarnado expresamente para guiarle durante su infancia.

Es posible que tu relación con una pareja del alma en una existencia dada solo sea pasajera.

Comprender la relación

La relación entre compañeros del alma raras veces es toda buena o toda mala. Generalmente se queda en algún lugar intermedio. Podrías estar muy conectado con un compañero del alma particular, aunque no le veas a menudo. O podrías verle cada día, y resultarte difícil ser educado con él porque te pone de los nervios.

LA PERSPECTIVA MÁS AMPLIA

Aunque podría resultar tentador pensar que los compañeros del alma solo tienen relaciones felices, o que deberías abandonar cualquier relación íntima a la primera señal de que hay un problema, tienes que mirar el cuadro general. Recuerda que los compañeros del alma han encarnado contigo con el fin de ayudar a tu alma a crecer y madurar. Esto significa que podéis haber acordado, en vuestro estado entre vidas, que te causen problemas. Así, si el compañero que pensaste que sería para toda la vida te anuncia repentinamente que te deja por otra, experimentarás una serie de emociones muy humanas. Pero también deberías considerar, cuando te sientas preparada para hacerlo, que esta traición podría haber sido acordada entre vosotros dos mientras estabais en los planos del alma.

Asimismo, si sientes que tienes una relación difícil con un compañero del alma, deberías mirarla desde el punto de vista de la otra persona. Podría parecerte que esta persona es difícil de tratar, pero él o ella podría sentir exactamente lo mismo con respecto a ti. Una vez más, podríais haber acordado en el estado entre vidas que tú causarías problemas a esta persona, quizá mostrándote exigente, celosa o posesiva. En cuanto empiezas a entender las múltiples ramificaciones de las relaciones entre compañeros del alma, te das cuenta de que es imposible juzgar lo que ocurre entre dos personas, porque no tienes ni idea de qué acordaron cuando estaban en los planos del alma. Desde nuestra perspectiva humana y terrenal, una relación podría ser abusiva o destructiva; sin embargo, desde el punto de

Se cree que la trágica historia de amor entre Abelardo y Eloísa fue una relación entre compañeros del alma.

vista espiritual, dos compañeros del alma pueden estar haciendo un tremendo sacrificio dedicando sus vidas actuales a atormentarse mutuamente.

REGRESIÓN A VIDAS PASADAS

Una manera de desentrañar el misterioso entorno de una relación difícil —especialmente si está teniendo un impacto serio en tu vida— es hacer una regresión a tus vidas pasadas. Se trata de una técnica en la que alguien que sabe hacer regresiones te pone en un estado de trance ligero y te anima delicadamente a revivir una vida anterior. Esto te devuelve a una escena en la que estabas con la persona que te está causando tantas dificultades, y así puedes ver la relación que había entre vosotros. Podría tratarse de una relación entre amo y esclavo, o marido y mujer, pero te mostrará algunas de las experiencias compartidas que os vinculan y que explican por qué vuestra actual relación es tan problemática. Por favor, date cuenta de que esto no es un juego, y solo debe ser emprendido con la guía de un terapeuta debidamente formado y que sepa exactamente lo que está haciendo.

Ahora hay mucho debate en cuanto a si estas regresiones te llevan realmente a encarnaciones anteriores o si simplemente son

COMPRENDER LA RELACIÓN

ejemplos de lo vívida que puede ser nuestra imaginación. Lo cierto es que no importa si las regresiones son reales o simbólicas, porque proporcionan respuestas que satisfacen a la persona que hace la regresión. Los problemas se resuelven, y a menudo la dificultad relacional se disuelve porque la persona que hace la regresión alcanza una mayor comprensión del vínculo que le une con su compañero del alma.

VOTOS QUE NO SE HAN DESHECHO

Cuando la conexión entre los miembros de la pareja del alma crea problemas, a menudo se debe a la existencia de votos que ambas personas hicieron en una vida anterior. Por ejemplo, es posible que hayan jurado amarse eternamente durante toda la eternidad. Sin embargo, se olvidaron de revocar esos votos al llegar al estado entre vidas, de modo que aún están operativos en su siguiente relación terrenal. En esta ocasión, esos votos podrían ser inapropiados, porque ambas personas mantienen una conexión enteramente distinta, pudiendo ser, por ejemplo, profesor y alumno.

La regresión puede ayudarte a entender la dinámica real entre tu pareja del alma y tú.

Liberarse de una relación

El poder purificador del fuego te ayudará a romper todo contacto con una pareja del alma.

Si te das cuenta de que estás en una relación problemática con una pareja del alma, ¿cómo puedes liberarte? Una manera de hacerlo es mirar la relación claramente, desde todos los ángulos, preferiblemente con alguien que tenga conocimiento del trabajo de vidas pasadas. Entonces tendrás una perspectiva mucho más amplia de la dinámica entre tu pareja del alma y tú para encontrar el modo de resolver el problema. No obstante, debes asegurarte de no haber caído en la trampa de pensar que todas las relaciones entre parejas del alma tienen que ser perfectas.

QUEMAR CARTAS

Si realmente deseas cortar la conexión con la pareja del alma, puedes quemar las cartas o postales que te haya escrito. Hazlo en una ceremonia especial para sentir realmente que las llamas han limpiado la relación entre vosotros. Si aún tienes sus *e-mail*, imprímelos y quémalos también.

Karma

Incluso es posible que seas capaz de transformar la relación con esa persona, y de esta manera transmutar buena parte del karma que aún hay entre vosotros. El karma es la ley inmutable de causa y efecto, y por tanto, de manera muy simple, significa que si te portas mal con alguien, ese alguien a su vez se portará mal contigo, o recibirás exactamente el mismo tratamiento de una tercera persona. Cosechas lo que siembras, y por tanto el amor y el afecto que demuestras por otros también vuelve a ti.

Nunca debes olvidar que estás acumulando karma en todo momento y que, si tratas mal a alguien, acabarás teniendo que lidiar con las consecuencias de tus acciones más adelante en esta vida o en el ciclo siguiente. Sabiendo esto, tal vez te sientas satisfecho de alcanzar un acuerdo con la pareja que te está causando tantos problemas, o podrías ver la relación desde su punto de vista. ¿Quizá para ella tú también eres muy difícil? O quizá se está esforzando por superar una infancia infeliz o alguna otra experiencia difícil. También debes considerar que si estás experimentando una relación difícil con una pareja del alma, probablemente estás reviviendo algún tipo de conflicto entre vosotros ocurrido en una vida anterior. Si no quieres tener que volver a pasar por ello en una encarnación futura, debes resolver el problema ahora de la manera más benevolente que puedas imaginar.

Cortar los vínculos psíquicos

Si en una relación íntima has llegado a una etapa en la que parece que os estáis haciendo daño más que otra cosa, o has llegado a un punto muerto con alguien, puede ser muy útil cortar los vínculos psíquicos que te unen a esa persona. Podríais estar convencidos de que sois pareja del alma o podríais no estar seguros, eso no importa. Lo importante es reconocer que hay un problema entre vosotros y hacer algo al respecto. Este ejercicio de cortar los vínculos es muy eficaz si sientes que no podéis hablar, o si hablar no os lleva a ninguna parte.

Cortar las cuerdas no destruirá el amor y el afecto que os profesáis mutuamente. Simplemente vas a cortar los vínculos que parecen obstruir la relación o retenerla, o aquellos que sientes inapropiados. Es saludable realizar este ejercicio de vez en cuando en cualquier relación íntima, aunque no sea problemática. Pronto notaréis que mejora vuestra conexión. Estad preparados para repetir el ejercicio en fecha posterior y volver a cortar los vínculos inapropiados.

Para esta meditación elige un momento en el que puedas estar solo y nadie vaya a molestarte. En este ejercicio es muy importante no perder la atención y el enfoque en ningún momento.

Asegúrate siempre de realizar correctamente el corte de cuerdas. No te apresures durante esta práctica.

MEDITACIÓN PARA CORTAR CUERDAS

1 Siéntate serenamente en silencio; a continuación, toma tierra y céntrate (véanse páginas 24-25).

2 Imagínate en tu lugar favorito de la naturaleza, sabiendo que allí estás totalmente seguro. Hay un camino delante de ti, de modo que avanza por él. Llegarás a una puerta. Ábrela, atraviésala y ciérrala detrás de ti. Entrarás en una zona que percibirás muy pacífica.

3 Crea un círculo de luz protectora a tu alrededor que sea suficientemente amplio para incluir todo tu cuerpo, incluso cuando estiras los brazos.

4 Dibuja mentalmente otro círculo de luz a poca distancia de ti. Cuando esté preparada, invita a la otra persona a entrar en él.

5 Cuando él haya llegado, dedica tiempo a hablarle amorosamente de las dificultades entre vosotros. Explícale que no vas a cortar ningún vínculo de amor incondicional entre vosotros.

6 Empieza a notar las cuerdas que os vinculan, y especialmente las que parecen difíciles o problemáticas. Por ejemplo, una cuerda podría estar hecha de alambre de espino, y sugerir la incapacidad de acercaros el uno al otro, o de candados, que indican control.

7 Corta cada cuerda en su parte media, usando un par de tijeras de plata, y a continuación saca delicadamente la cuerda de tu cuerpo y lánzala al espacio situado entre vuestros dos círculos. Sella esa zona de tu cuerpo con luz blanca. Ahora repite el proceso para la otra persona, teniendo cuidado de sellar también la zona relevante de su cuerpo con luz blanca.

8 Sigue cortando cuerdas. No te dejes ninguna, como las que crecen por la espalda. Cada vez que retiréis una cuerda de vuestro cuerpo, aseguraos de sellar esa zona con luz blanca.

9 Cuando hayas cortado todos los vínculos, pon luz en ellos para que puedan transmutarse en energía positiva. Acércate a las llamas y, si te atreves, atraviésalas sabiendo que no vas a sufrir daño.

10 Invita a la otra persona a hacer lo mismo, pero no le fuerces. Dale las gracias por cooperar en tu meditación y deja que se vaya. Obsérvale irse.

11 Sal fuera de tu círculo protector y vuelve a caminar por el sendero; después, atraviesa la puerta teniendo cuidado de cerrarla detrás de ti.

12 Cuenta de cinco a uno en sentido descendente. Con cada número te vas sintiendo más alerta y consciente de tu entorno. Al contar uno, estás despierta y alerta por completo, y de vuelta en tu silla.

13 Abre los ojos, estira los brazos y las piernas, y moviliza los dedos de las manos y de los pies.

CORTAR LOS VÍNCULOS PSÍQUICOS

Encontrar a tu pareja del alma

«En cuanto le vi, supe que había estado buscándole toda mi vida. No nos dijimos ni una palabra.» Este es el tipo de comentarios que se oyen cuando las personas describen el encuentro con su pareja del alma. En general, se piensa que todos nos encontramos con varios compañeros del alma en el curso de nuestra vida. Sin embargo, no todos ellos serán amantes o parejas. Algunos serán amigos, parientes o compañeros de trabajo. Otros podrían ser enemigos. Pero, en muchos casos, las personas solo quieren conocer a su pareja del alma romántica, a esa otra persona con la que se sienten totalmente en casa. Entonces, ¿qué puedes hacer si no encuentras a tu pareja del alma?

A veces parece que reconocemos a una pareja del alma en cuanto la vemos.

¿Por qué estás buscando?

Si estás buscando a tu pareja del alma sin éxito, una pregunta importante que debes plantearte es por qué quieres encontrarle:

- Muchas personas dicen que se sienten incompletas sin su pareja del alma. Si bien esta es una respuesta comprensible, también plantea dudas sobre tu autoestima, tu plenitud y tu relación contigo mismo.
- Esperar que otra persona te proporcione las respuestas a tus problemas o que haga sentirte plenamente satisfecho nunca funcionará. Tienes que sentirte completo en ti mismo, y por lo tanto feliz, antes de poder hacer feliz a otra persona. De otro modo, es como si estuvieras buscando una tirita para tapar una herida abierta en tu psiquismo.
- Es posible que hayas tenido una serie de relaciones difíciles en las que has repetido siempre las mismas pautas, y sin embargo no eres consciente de tu parte de responsabilidad en que estas relaciones no funcionen como deseas.
- También es posible que confundas una pareja del alma, que viene a tu vida para ayudarte a crecer y a desarrollarte (lo cual no siempre es una experiencia cómoda), y una llama gemela (véanse páginas 292-293), que es tu otra mitad, pero que tal vez no hayas conocido durante una encarnación en la tierra.
- Es posible que estés atrapado en un sueño romántico, como algo salido de un cuento de hadas, y que creas que tu pareja del alma te rescatará de todos tus problemas.

HABLA CON TU ÁNGEL GUARDIÁN

Hay varias maneras de invitar a tu pareja del alma a entrar en tu vida. La primera, y la más evidente si piensas en ello, es pedirlo. Si trabajas con tu ángel guardián (véanse páginas 260-261), deberías comentar con él tu necesidad de encontrar a tu pareja del alma. Escucha con cuidado lo que te diga o, si vuestra relación no funciona así, nota las señales, situaciones y sueños que surgen en ti después de esa conversación. Los ángeles guardianes pueden hablarse unos a otros, si los humanos de los que cuidan se lo piden, de modo que podrías pedir a tu ángel guardián que encuentre al ángel guardián de tu pareja del alma y que unan sus fuerzas para juntaros.

INVOCAR UN PODER SUPERIOR

Otra opción consiste en invocar la ayuda de un arcángel o maestro ascendido (véanse páginas 270-281). Puedes pedir que el espíritu más apropiado responda a tu solicitud, o puedes establecer contacto con el arcángel Chamuel, el ángel de las relaciones amorosas. Con él trabaja una hueste de ángeles, y ellos te ayudarán a encontrar a tu pareja del alma. Chamuel ayuda a encontrar todo tipo de artículos perdidos, sean objetos físicos, un ser querido o una relación. Cuando le pidas ayuda, confía en que él está contigo y en que responderá a tu llamada. Sé paciente sabiendo que tu compañero del alma llegará a tu vida en el momento justo para ambos.

ESCRIBIR UNA LISTA DE DESEOS

La mayoría de nosotros pensamos en lo que nos gustaría que ocurriera en nuestras vidas, pero no anotamos nuestras peticiones. Sin embargo, el acto mismo de anotar nuestras necesidades en papel incrementa la posibilidad de atraer lo que hemos pedido. Por consiguiente, tiene sentido anotar el perfil de la pareja del alma que deseas encontrar. En el caso ideal, debes evitar poner muchos detalles con respecto a la apariencia física para no entretenerte tanto en encontrar a alguien que se adapte a esa descripción que ignores a tu pareja del alma, que puede tener un aspecto completamente diferente. Concéntrate más bien en sus cualidades y personalidad, y en el tipo de relación que deseas mantener con él o ella. Pide siempre que tu relación sea para el mayor bien de todos los involucrados.

*Escribir una lista de los rasgos preferidos
de tu pareja del alma puede atraerla a tu vida.*

Cuando hayas acabado de escribir el perfil de tu pareja del alma, déjalo en un lugar seguro y confía en que tu petición te será garantizada en el momento adecuado. Puedes leerlo de vez en cuando, pero no te obsesiones tanto con él que te olvides del resto de tu vida. Nunca sabes dónde o cuándo podrías encontrar a la pareja del alma que tanto anhelas. Podría ser en una fiesta a la que no querías asistir, en el supermercado en un momento en que vas con prisa, o en la parada del autobús.

ENSOÑACIÓN CREATIVA

Es posible que los profesores de la escuela fruncieran el ceño cuando soñabas despierto, pero es una manera muy eficaz de atraer lo que deseas a tu vida. ¿Por qué no soñar despierto con encontrarte con tu pareja del alma? Deja que tu intuición te guíe. Cuando te encuentres con tu pareja del alma en tu ensoñación, deja que todo tu cuerpo se llene de amor y de júbilo. Esto te ayudará a atraerle a tu vida. Tu inconsciente no nota la diferencia entre la imaginación y la realidad, y por eso tu corazón se acelera cuando ves una película en la que alguien está en peligro. Puedes hacer de esto una ventaja diciendo a tu inconsciente que un suceso muy deseado ya ha ocurrido. Él responderá atrayendo ese evento y haciendo que suceda.

DEJA QUE SUCEDA

Sea cual sea la ruta que decidas seguir, debes dejar que todo el proceso ocurra sin tu interferencia. Está claro que esto puede resultar difícil si anhelas mucho encontrar a esa persona. No obstante, la pura fuerza de tu anhelo podría ir en tu contra, porque estarás intentándolo con demasiada intensidad, y sin darte cuenta podrías estar repeliendo a la persona que esperas atraer. También debes evitar las emociones conflictivas, como pensar: «Ojalá que se diera prisa en llegar. Tal vez no llegue nunca. ¡Tiene que venir! ¿O me voy a quedar siempre sola?». Emitir estos mensajes confusos altera el poder de tu intención. También estarás enviando mensajes sobre la ausencia de esta persona de tu vida, atrayendo todavía más carencia. Enfócate en lo que deseas sabiendo que lo vas a recibir, y da las gracias anticipadamente por recibirlo.

Soñar despierto activa tu inconsciente, que empezará a atraer las cosas que deseas.

Mascotas psíquicas

¿Tienen las mascotas poderes psíquicos?

Si alguna vez has sido dueño de un animal de compañía, probablemente habrás notado que responde a lo que esté ocurriendo en tu casa. Incluso antes de haber empezado a hacer las maletas para irte de vacaciones, tu mascota sabe que te vas a ir, y empezará a mirarte con reproche o ansiedad. Esto es especialmente probable si él va a pasar tus vacaciones en una guardería para gatos o para perros. Los animales de compañía también saben cuándo nos sentimos tristes o mal, y vendrán inmediatamente a reconfortarnos.

¿HAY ALGUNA PRUEBA?
Muchos dueños tienen pruebas de que sus mascotas son psíquicas, aunque tal vez duden a la hora de describir sus capacidades con esta palabra. Esto puede deberse al temor al ridículo, pero, si les preguntas por los poderes de sus mascotas, se sentirán felices de abrirse. Por ejemplo, un amigo podría decirte que siempre sabe cuándo estás a punto de llegar porque su perro corre a la puerta de casa para recibirte varios minutos antes de que aparezcas. Tal vez el perro no haga esto por otra gente, y eso informa a tu amigo de que estás de camino.

LA COMUNICACIÓN CON LOS ANIMALES
Imagina cómo te sentirías si estuvieras continuamente intentando hablar con alguien con quien vivieras, pero esa persona nunca te escuchara. En lugar de eso siempre te dice lo que tienes que hacer, ignora tus respuestas, y a menudo ni siquiera presta atención a tu conducta. Te sentirías muy frustrado porque no le llega el mensaje.

Así es como se sienten los animales domésticos, según dicen los expertos en comunicación psíquica con los animales. Dicen que nuestras mascotas tratan continuamente de comunicar con nosotros, pero suelen tener poco éxito. Los animales domésticos se dan cuenta de que no estamos ignorándolos por indiferencia: simplemente no sabemos escucharles porque comunicamos de maneras distintas. Y tampoco ayuda que muchos de nosotros hayamos sido educados en la creencia de que es imposible hablar con los animales, lo cual no es cierto.

Descarta la idea de que los animales son torpes. Tienen una gran inteligencia.

Hacer contacto con tu animal de compañía

Si deseas hacer contacto con tu animal doméstico, es mucho más fácil de lo que piensas. No obstante, tal como ocurre con todas las demás técnicas de este libro, debes entrenar para acostumbrarte a escuchar tu intuición y tu guía interna. Puedes recibir

Los perros responden cuando empiezas a comunicar con ellos.

HACER CONTACTO CON TU ANIMAL DE COMPAÑÍA 319

Cuando tu gato maúlla, imagina el mensaje que te está enviando.

los mensajes que tu mascota te envía en forma de palabras, imágenes, sensaciones u olores. A veces también puede comunicarse contigo cuando estás dormido, en sueños.

La forma concreta de comunicación no importa; lo importante es lo que hagas con ella. De modo que esfuérzate al máximo por recibir la información con mentalidad abierta, y no cuestiones esta posibilidad ni creas que es solo tu imaginación. No te dejes embaucar por los pensamientos que afirman que es imposible que tu mascota te pueda hablar; simplemente confía en que lo hace. Evita también ignorar los mensajes que no deseas oír porque te incomodan o hacen que te sientas culpable. Por ejemplo, si tu conejo te dice que no le gusta que tu hijo pequeño le tire de la cola, podrías ponerte a la defensiva; o podrías enfadarte si tu cobaya anuncia que detesta su abrevadero. Sin embargo, estos son mensajes sustanciales y, si tomas nota de ellos, empezarás a mejorar la calidad de vida de tu animal de compañía.

PRIMEROS PASOS

Cuando empieces a comunicar con tu mascota, en el caso ideal deberías estar sentado a su lado para poder observar su comportamiento. Esto te dará más pistas sobre los mensajes que te está enviando. Llegados a este punto, es conveniente saber cómo les gusta comunicar a las mascotas de su especie; encontrarás información detallada en las páginas siguientes.

Esto te permitirá interpretar su lenguaje corporal, el cual es una de las maneras en que comunica con otros miembros de su especie. Usa estas mismas orientaciones básicas para cualquier otra mascota que puedas tener.

El lenguaje corporal de tu gato

Entender el lenguaje corporal de tu gato te ayudará a saber qué te está diciendo y cómo responde a lo que tú le dices. También sabrás si su estado de ánimo es pacífico o agresivo.

LA COLA DE TU GATO

Observa la cola de tu gato para saber si se siente feliz. En circunstancias normales, la cola erguida hacia arriba es el signo de un gato contento: se está mostrando amistoso y te reconoce como un amigo. Una cola curvada sobre su espalda indica que el gato está muy contento. Cuando menea la cola de lado a lado muestra que está indeciso (especialmente si se chupa los labios al mismo tiempo), y cuando corre muy rápido de aquí para allá eso significa que está muy agitado. Una cola erizada con todos los pelos de punta (haciendo que parezca más grande de lo que es) indica una actitud extremadamente defensiva.

LAS OREJAS DE TU GATO

Las orejas del gato también te ofrecen mucha información. Cuando está relajado, sus orejas apuntan hacia delante y ligeramente hacia fuera. Cuando está alerta, sus ore-

La curva en la parte alta de la cola de este gato indica que está contento y feliz.

jas se ponen en punta y se dirigen directamente hacia delante. Cuando está ansioso, mantiene las orejas erguidas y en movimiento. Cuando está a la defensiva, aplana totalmente las orejas contra el cráneo para protegerlas de todo mal. Cuando está agresivo, aplana las orejas, pero aún son visibles desde delante.

LOS PELOS DEL BIGOTE DE TU GATO

T. C. Lethbridge fue un notable radiestesista (véanse páginas 166-171), y un científico británico que creía que los bigotes de los gatos funcionan como las varillas del zahorí, permitiéndole sintonizar con su entorno y leer lo que hay allí. Ciertamente los pelos de su bigote son muy sensibles y le ayudan a sentir lo que le rodea en la oscuridad. Cuando está relajado, el gato mantiene los pelos del bigote hacia los lados y bastante juntos. Cuando está alerta, sus pelos del bigote se abren en abanico y apuntan hacia delante. Cuando se pone a la defensiva, agrupa los pelos y los presiona contra las mejillas.

Este gato muestra su vientre, y esto siempre es un signo de confianza.

El lenguaje corporal de tu perro

A los perros les gusta saber dónde se encuentran en el orden jerárquico de la familia. Generalmente consideran a sus dueños como los perros superiores, o perros dominantes, y así es como debe ser: tu perro causará un desastre, y podría ser peligroso, si cree que es el perro dominante de la familia. Resulta difícil ser tan preci-

Las orejas levantadas de este perro muestran que se interesa por lo que ocurre a su alrededor.

so con el lenguaje corporal de un perro como con el de un gato, porque distintas razas de perros tienen distintos estilos. En cualquier caso, sigue habiendo algunos indicadores generales que te dirán cómo se siente tu perro.

SUMISIÓN

Por su necesidad de saber quién es el perro dominante, los perros pueden ser muy sumisos. Sabrás que tu perro está comportándose así porque dejará caer la cabeza, bajará los ojos y meterá la cola entre las patas. Incluso es posible que ruede sobre su espalda, revelando su vulnerabilidad al exponer su estómago. Suele hacer esto cuando sabe que te ha enfadado. Podrías considerarlo como un intento de pedirte disculpas.

TEMOR

Cuando un perro siente miedo, tiene algunos comportamientos muy característicos. Es posible que se ponga muy agitado e inquieto, ladrando con gran intensidad o evitando irse de tu lado. Se le dilatarán acusadamente las pupilas, aplanará las orejas contra la cabeza y pondrá la cola entre las piernas.

ALABANZA Y AMOR

Todos los estereotipos que oímos sobre los perros son verdad: son leales, fieles y afectuosos. Los perros tienen la capacidad de mostrar amor incondicional y merecen recibirlo de nosotros. Alaba a tu perro cuando sea necesario y regáñale cuando haya hecho algo mal. Tu perro no entenderá qué está ocurriendo si te enfadas con él por haber mordido tu periódico. Mostrar siempre amor por tu perro le animará a relajarse contigo e incrementará el flujo psíquico entre vosotros.

Los perros ladran por muy diversas razones.

El lenguaje corporal del caballo

Aunque no seas dueño de un caballo, tener algún conocimiento sobre su lenguaje corporal te ayudará a contactar más fácilmente con cualquier animal de su especie.

LAS OREJAS DEL CABALLO

Mira las orejas del caballo para determinar su estado de ánimo. Cuando sus orejas apuntan delicadamente hacia arriba y ligeramente hacia fuera, está relajado. Cuando se inclinan hacia delante, está cansado o se muestra sumiso. Cuando están planas sobre la cabeza, tienes que tener cuidado porque se siente agresivo. Si sus orejas se mueven, está ansioso y quizá incluso atemorizado. También es posible que haga rodar los ojos, una señal de que está nervioso y podría salir corriendo.

LA COLA DEL CABALLO

Como puedes imaginar, cuando tu caballo mantiene la cola en alto, está de buen humor y se siente alerta. Meter la cola entre las patas es señal de sumisión, fatiga o enfermedad. Si mueve la cola de un lado a otro es posible que se esté sacudiendo las moscas, pero también podría sentirse molesto, de mal humor y enfadado.

LA CABEZA DEL CABALLO

Evidentemente, si tu caballo reacciona ante ti abriendo los labios y mostrándote los

Las orejas del caballo y su expresión facial amable muestran que se siente relajado.

¿Este caballo está mostrándose juguetón o agresivo? Sus orejas aplanadas sugieren lo segundo.

dientes, sabes que no es el mejor momento para acercarte a él, porque está agresivo. Y esto queda resaltado si golpea con la pezuña en el suelo. Sin embargo, si te empuja suavemente con la nariz y mantiene la boca cerrada, te está pidiendo que le des afecto o algo de comer.

La posición de su cabeza dice mucho acerca de su estado de ánimo. Si la tiene elevada (y también lo está la cola) y parece interesado en el mundo que le rodea, se siente confiado y relajado. Sin embargo, si su cabeza (y cola) cuelgan, se siente abatido, apático o enfermo.

EN COMPAÑÍA DE LOS CABALLOS

Los caballos son animales sociales. En estado salvaje viven en manadas, y cualquier caballo echará de menos al grupo si se le mantiene en un campo en solitario. Necesitará mucho contacto humano para estar contento y compensar la falta de compañía equina. Alternativamente, si tiene oportunidad, se vinculará con otro animal, como un perro o una cabra.

Los caballos son unas criaturas tan grandes que es aconsejable prestar atención a su comportamiento.

Mascotas psíquicas

Existen algunas historias notables sobre las capacidades psíquicas de los animales domésticos. El doctor Rupert Sheldrake ha estudiado muchos casos y sus resultados son fascinantes. Parece que los animales son inmensamente sensibles a lo que les ocurre a sus dueños, dondequiera que estos se encuentren. El doctor Sheldrake ha documentado casos de animales que se apresuran hacia el teléfono cuando sus dueños llaman a casa, pero ignoran por completo las llamadas telefónicas en todas las demás ocasiones. Existen historias de animales domésticos que se han separado de sus dueños y han recorrido territorios desconocidos (a veces muchos kilómetros) para volver a encontrarlos.

Si tienes un gato, busca signos que sugieran que él sabe que alguien está a punto de llegar.

También hay casos de mascotas que sabían instintivamente el instante en que sus dueños estaban muriendo, aunque estuvieran muy lejos de ellos.

Al leer estos relatos podrías darte cuenta de que tu animal doméstico también se comporta así. Los animales están sintonizados con bandas de ondas psíquicas que pasan totalmente inadvertidas para sus dueños.

ANIMALES Y FANTASMAS

Los animales pueden ver cosas que los humanos no siempre detectamos, como los fantasmas. Si vives con una mascota, tal vez hayas notado que a veces está mirando algo que tú no puedes ver. Por ejemplo, puede estar siguiendo los movimientos de una araña o de una mosca que es demasiado pequeña para que tú puedas detectarla, pero te darás cuenta de lo que está haciendo cuando se abalance sobre el insecto. En otras ocasiones puedes decidir que hay una explicación menos prosaica para la conducta de tu mascota, especialmente si siempre reacciona así en una zona particular de la habitación y no en las demás.

Distintos animales reaccionan de diversas maneras ante estas fuerzas invisibles. Los perros tienden a tener los pelos de punta y ladrar, gruñir o gimotear. Los gatos, por

Los perros se sienten muy agitados cuando están en presencia de un espíritu o fantasma.

su parte, se quedan completamente quietos y alerta. Los caballos tienden a echarse atrás y relinchar para mostrar que están alarmados. Cuando esto ocurre, también puedes sintonizar con el ambiente para sentir lo que está viendo tu mascota.

MASCOTAS FANTASMAS

Si amas a tu animal doméstico, se convierte en parte de la familia, y llorarás su muerte. Sin embargo, es posible que ese no sea tu último contacto con él, porque hay muchas historias de animales domésticos muertos que vuelven a visitar a sus dueños. Por ejemplo, podrías sentir que tu perro salta al extremo de tu cama, o podrías sentir que tu gato se mueve entre tus piernas aunque haya muerto. A veces esto ocurre años después del fallecimiento del animal. Alternativamente, tu querida mascota podría volver a ti reencarnada en el cuerpo de otro animal. Cuando ocurre esto, la nueva mascota se comportará tal como lo hacía la antigua. Por ejemplo, si a tu perro le gustaba jugar con un juguete particular, pero desdeñaba los demás, tu nuevo animal doméstico podría comportarse exactamente igual.

El vínculo amoroso entre una mascota muy querida y su propietario no se rompe con la muerte.

Animales que alertan a sus dueños

Si tienes un animal doméstico, tal vez te hayas dado cuenta de que él parece notar cuándo te sientes triste o enfermo, y te muestra su apoyo reconfortándote de algún modo. Los perros, con su naturaleza leal y sensible, están particularmente dispuestos a ayudar a sus dueños en momentos de crisis. Hay varios casos documentados de perros, conejos y gatos que alertan a sus propietarios epilépticos unos minutos antes de sufrir un ataque. Tras ser avisado, es menos probable que el dueño sufra algún daño durante el ataque. Aunque la explicación más probable de esta conducta es que el animal doméstico observa pequeños cambios en las acciones o en el olor de su dueño, en algunos casos el animal está en otra habitación y de repente viene corriendo.

Actualmente algunos especialistas están entrenando a perros para que alerten a sus dueños de esta manera. Incluso hay planes de entrenar a perros para que detecten cáncer en pacientes, puesto que algunos dueños descubrieron que tenían cáncer de piel porque sus perros les lamían las zonas afectadas, llamando su atención hacia ellas.

Hablar con tu animal de compañía

En el caso ideal deberías crear un vínculo amoroso con tu mascota en cuanto venga a vivir contigo. Dedica mucho tiempo a jugar con ella y acariciarle para que sepa que eres amistoso y que puede confiar en ti. Tanto a los humanos como a los animales nos gusta saber que somos apreciados, de modo que deberías alabar repetidamente a tu mascota. Dile lo bella, lista, amorosa y valiente que es. Dile que te encanta tenerle a tu vida. Dile que la quieres, y repíteselo con frecuencia. No le digas nunca que es estúpida o vaga, ni siquiera en broma, porque no le gustará. A ti tampoco te gustaría.

RESOLUCIÓN CONJUNTA DE PROBLEMAS

Es maravilloso aprender a hablar con tu animal doméstico. También es muy útil cuando te sientes confundido o molesto por su conducta. Si le das la oportunidad, él te dirá lo que está mal y entonces quizá puedas hacer algo al respecto. Por ejemplo, si se resiste a ir al jardín, él podría explicarte que es porque el gato del vecino le acosa. Si evita la comida, podría decirte que ya no sabe como antes, o que le gustaría probar algún otro alimento. O quizá le hayas dado recientemente un nuevo cuenco de comida y no le gusta. Trátale siempre como la criatura inteligente que es. Discúlpate ante él si es necesario, o dale una explicación sensata y racional de por qué no puedes hacer los cambios que te pide. No te muestres paternalista con él ni te comportes como un dictador doméstico.

CONVERSACIONES A LARGA DISTANCIA

Puedes repetir este proceso de conversación cuando estés separado de tu animal doméstico. Es especialmente útil si estás lejos de casa y quieres comprobar que él está bien. Por ejemplo, si te preocupa que tu perro esté ansioso mientras sales de compras, puedes enviarle un mensaje telepático diciéndole que volverás pronto a casa.

Cumple siempre rápidamente cualquier promesa que le hayas hecho a tu animal doméstico.

ENTABLAR UNA CONVERSACIÓN

Elige un momento en el que te sientas relajado. En el caso ideal deberías tener al animal de compañía contigo, y él debería estar en un estado de ánimo igualmente relajado. Apaga la televisión o la radio para que no haya voces externas que te distraigan o planten alguna idea subconsciente en tu cabeza.

1 Empieza por considerar la sensación que debe dar ser una mascota. Imagina que eres de su tamaño, que tienes su pelo, sus plumas o su piel. Imagina que te mantienes a cuatro patas, si es así como ella se apoya en el suelo (si es una serpiente, imagina cómo es arrastrarse por el suelo). Considera las preguntas siguientes:
- ¿Qué aspecto tiene el mundo desde la perspectiva de tu animal de compañía?
- ¿A qué huele?
- ¿Cuánto puedes ver?
- ¿Es el mundo amistoso o está lleno de peligros potenciales?

- ¿Te preocupa que unos grandes pies humanos puedan pisarte?
- ¿Tienes la bandeja de los excrementos demasiado cerca del alimento preparado para tu mascota?

Dedica todo el tiempo que necesites a esta parte del ejercicio. Podría darte información valiosa sobre cómo mejorar la vida de tu animal de compañía.

2 Ahora empieza una conversación amorosa con él. Puedes hacerlo en voz alta o mentalmente. Empieza diciéndole «hola», tal como hablarías a otro ser humano. Pregúntale cómo está. Escucha la respuesta que surja en tu cabeza o espera que te llegue una imagen, y confía en ella. No trates de censurarla ni analizarla. Explica a tu animal que estás aprendiendo a comunicar con él y que te encantaría que pudiera ayudarte.

3 Plantéale cualquier pregunta que quieras. Si tiene problemas de conducta, pregúntale qué le pasa, pero no lo hagas en tono de juicio. Escucha su respuesta. Comenta la situación con él e intentad mejorarla.

4 Cuando concluya la conversación, dale las gracias por hablar contigo. Comunícale que te gustaría charlar con él más a menudo.

5 Ahora, si lo consideras necesario, debes cumplir lo prometido. Por ejemplo, si le has dicho que le ibas a cambiar la comida, debes hacerlo en el instante en que puedas.

Animales de compañía perdidos

Si tu animal de compañía se ha perdido, imagina qué hará. ¿Estará en su escondrijo favorito?

A veces un animal de compañía se pierde. Un perro puede salir corriendo en cuanto se le suelta la correa o un gato puede irse de paseo. Como dueño del animal, querrás saber que se encuentra bien y que volverá a casa pronto. Puedes avisar a tus vecinos, por supuesto, o incluso notificarlo a la policía, pero no hay necesidad de sentirse indefenso, porque también puedes comunicarte con tu animal para averiguar exactamente dónde está.

INVOCAR LA AYUDA ANGÉLICA

Además de solicitar la ayuda humana, también puedes invocar la ayuda angélica (véanse páginas 258-273), que puede darte notables resultados. Si ya has establecido una intensa conexión con un ángel particular, puedes pedirle que venga en tu ayuda. Alternativamente puedes pedir ayuda al arcángel Rafael, pues una de sus especialidades es encontrar animales perdidos. Otra opción es pedir al ángel guardián de tu animal de compañía que intervenga y te lo envíe a casa. Da siempre las gracias a los ángeles por su ayuda.

Animales domésticos y el más allá

Cuando a tu mascota le llega el momento de morir, eso no significa que tengas que perder toda comunicación con ella. Aunque retrasaría su progreso espiritual y le molestaría mucho que le cargaras con tu pena, no hay razón por la que no puedas hacer contacto con ella ocasionalmente para decirle «hola». Puedes hacerlo a través de un médium, si lo deseas, o puedes conectar directamente. Siéntate en silencio y piensa en ella con amor. Pronuncia su nombre y envíale un mensaje; por ejemplo, puedes decirle que le quieres y que esperas que sea feliz. Espera su respuesta, que puede venir a ti en forma de una imagen, una emoción, una sensación física, un olor o algunas palabras, bien en el mismo momento o más adelante.

ENCONTRAR AL ANIMAL DE COMPAÑÍA PERDIDO

Antes de empezar este ejercicio, procura estar calmado y equilibrado. Si no te sientes así, estarás demasiado agitado para concentrarte en los mensajes que recibas. Tal vez te ayude tomar un par de gotas de algún remedio floral: prueba con la flor Mimulus, de los remedios florales de Bach, para el temor. Es conveniente tomar Chestnut Rojo si sientes una ansiedad indebida con respecto a tu animal de com-

pañía, y también Remedio de Rescate porque se trata de una emergencia.

1 Una vez más, imagina que tienes el tamaño y la forma de tu animal doméstico. Si es un perro o un gato, imagina que tienes un rostro peludo y bigotes.

Pronuncia su nombre, en voz alta o mentalmente, y envíale amor, lo que te ayudará a establecer contacto inmediato con él.

2 Pregúntale si está bien. Espera una respuesta. Podría venir como sentimiento, o como una sensación de alivio y seguridad. Podrías obtener una respuesta verbal. O podrías recibir una imagen.

Si te llega inmediatamente la imagen de un espacio cerrado, como tu garaje o tu taller, es posible que el animal se haya quedado encerrado allí, de modo que deberías ir a investigar. Si visualizas un parque local, ve allí para ver si puedes encontrarlo.

3 Confía en tu intuición y en los mensajes que tu animal doméstico te está enviando. Si no te llega ninguna imagen visual de dónde se encuentra, pero tienes una sensación de él, pídele que venga a casa porque estás preocupado y quieres saber que se encuentra seguro. Si ha huido, pregúntale por qué.

4 Tanto si estableces contacto telepático con tu mascota como si no, visualiza que vuelve a casa sana y salva. Sigue imaginando vuestra reunión y lo feliz que te sentirás de volver a verla. Mantén este pensamiento; actuará como un imán si el animal de compañía es capaz de volver a ti.

5 Si al principio este ejercicio no produce ningún resultado, no te desanimes. Tal vez tu ansiedad esté bloqueando la comunicación telepática. Presta atención también a tus sueños. Muchos dueños han soñado el lugar exacto donde se encontraba su animal de compañía perdido.

Directorio de capacidades psíquicas

Directorio de capacidades psíquicas

En esta sección encontrarás descripciones de diversas capacidades psíquicas, desde la clariaudiencia, que es el arte de escuchar voces desencarnadas, hasta la psicoquinesis, que hace que los objetos se muevan y cambien de manera aparentemente autónoma, como si tuvieran vida propia.

SABER QUÉ ES QUÉ

A veces es complicado saber dónde acaba una capacidad y dónde empieza otra, o si están trabajando juntas. Por ejemplo, ¿cómo puedes notar la diferencia entre la telepatía y la clarividencia? ¿Está la médium clarividente o sensitiva viendo realmente los mensajes que le están siendo transmitidos por los espíritus desencarnados o está leyendo la mente de la persona? Una manera simple de distinguir esto es si la médium cuenta hechos de los que el sujeto no sabe nada, pero que después pueden ser verificados por una tercera persona, o si describe sucesos que aún no han ocurrido y ni siquiera son una posibilidad en el momento de la lectura. Otra pregunta que tal vez desees plantear es si es esencial adosar etiquetas específicas a todas las aptitudes psíquicas. Podrías preferir pensar en ellas como distintas facetas de la misma ap-

Experimenta para descubrir qué capacidades psíquicas te encajan mejor.

titud básica, que es la capacidad de conocer o detectar algún suceso usando el sexto sentido.

ALGO PARA CADA CUAL

A medida que vayas explorando estas aptitudes, descubrirás inevitablemente que tienes más afinidad con unas que con otras. Por ejemplo, podrías esforzarte por practicar la psicoquinesis, pero descubrir que tienes grandes habilidades en psicometría. Alternativamente, y en común con muchos médiums, podrías pasar por fases en las que tengas éxito en el uso de una habilidad particular, y después perderla pero hacerte muy hábil en alguna otra. Es como si se te estuviera dando la oportunidad de poner a prueba cada habilidad hasta que encuentres aquella en la que destacas.

Cuando trabajas con estas capacidades psíquicas, mantén siempre la mente abierta y estate preparado para aprender de tus errores. No tengas miedo de admitir que a veces puedes equivocarte. Nadie —ni siquiera el médium más experimentado— acierta siempre.

Sé paciente a la hora de desarrollar tus habilidades.

Clarividencia

La palabra clarividencia a menudo se usa como un término general que incluye otras capacidades psíquicas, y sin embargo es realmente muy específica y significa «ver con claridad». Esto incluye ser capaz de ver entidades espirituales, bien como manifestaciones físicas (como si otros seres humanos vivos estuvieran delante de ti) o con el

La clarividencia es el arte de usar la visión psíquica.

ojo de la mente (como si estuvieras viendo mentalmente una película). De modo que si realmente puedes ver espíritus, en lugar de simplemente oírlos o sentirlos, eres clarividente.

MÁS QUE UN DON

Los clarividentes suelen tener más de un don psíquico. Por ejemplo, es posible que también sean clairaudientes, pudiendo oír lo que les dicen los espíritus; o pueden ser clarisentientes, pudiendo sentir las sensaciones físicas que un espíritu está tratando de transmitir. Tener dos o más dones psíquicos les permite hacer un contacto más amplio con los espíritus, y por tanto incrementar las posibilidades de interpretar correctamente sus mensajes.

FE Y PACIENCIA

Una de las mejores maneras de entender cómo funciona la clarividencia es practicarla personalmente. No obstante, debes tener paciencia y no esperar alcanzar resultados asombrosos de la noche a la mañana. Estas capacidades suelen requerir tiempo, paciencia y práctica. También es muy importante conservar la idea de que acabarás teniendo éxito, para que no te des por vencido ante el primer obstáculo.

Interpretar símbolos

Recibir clarividentemente mensajes de los espíritus no siempre es tan fácil como parece. Los espíritus a menudo se comunican a través de símbolos, de modo que el clarividente tiene que decidir qué significan antes de poder transmitir el mensaje. Esta es una de las razones por las que los mensajes no son siempre claros, y a veces puede llevar tiempo descifrarlos. Si al médium se le muestra una colección de tiestos con flores, tiene que decidir cómo interpretarlos. ¿Hacen referencia a alguien que fue un gran jardinero, a un ceramista que trabaja en un centro de jardinería, o alguien que se apellida «Tiesto»?

Mediumnidad física

En la mediumnidad, tal como en cualquier otro ámbito de la vida, las modas vienen y van. En la época victoriana y a comienzos del siglo XX era muy popular la mediumnidad física (también llamada materialización). Era un espectáculo notable y, una vez visto, nunca se olvidaba. El médium entraba en un trance profundo y después exudaba de su cuerpo una sustancia luminosa y sedosa llamada ectoplasma. Con esta materia se iba formando gradualmente una forma espiritual que a continuación hablaba a todos los presentes en la habitación. Cuando la gente tocaba al espíritu, les sorprendía comprobar que sus manos eran cálidas y sólidas. El médium también era el canal psíquico para dar voz a las comunicaciones que los espíritus realizaban a través de trompetas etéreas u otros instrumentos, de la psicoquinesis, los golpeteos, la levitación de mesas y los objetos que parecían materializarse de la nada. Al final de cada sesión, el cuerpo del médium reabsorbía el ectoplasma, que tenía una textura parecida a una muselina fina.

DECLINAR Y ESCEPTICISMO

Muchos médiums físicos eran perfectamente auténticos, pero otros no lo eran. Los encuentros tenían que celebrarse en lugares oscuros para que el ectoplasma fuera visible, y algunos intentaban sacar ventaja de esto. Un médium fraudulento podía emplear a alguien vestido con tiras de muselina para que se comportara como un espíritu. A menudo un ayudante, o el propio médium, tocaba las trompetas. Consecuentemente, este tipo de mediumnidad se asoció con el engaño y el fraude. Por desgracia, la suposición general parecía ser que si un médium concreto era falso, todos los demás también tenían que serlo.

Otra razón del declinar de la mediumnidad física era el peligro que representaba para el sensitivo, que nunca debería ser tocado en estado de trance, pues el *shock* recibido por su sistema podría enfermarle por mucho tiempo. Por tanto, era muy vulnerable a que la gente que estaba sentada a su lado le hiciera daño inadvertidamente mientras estaba en trance.

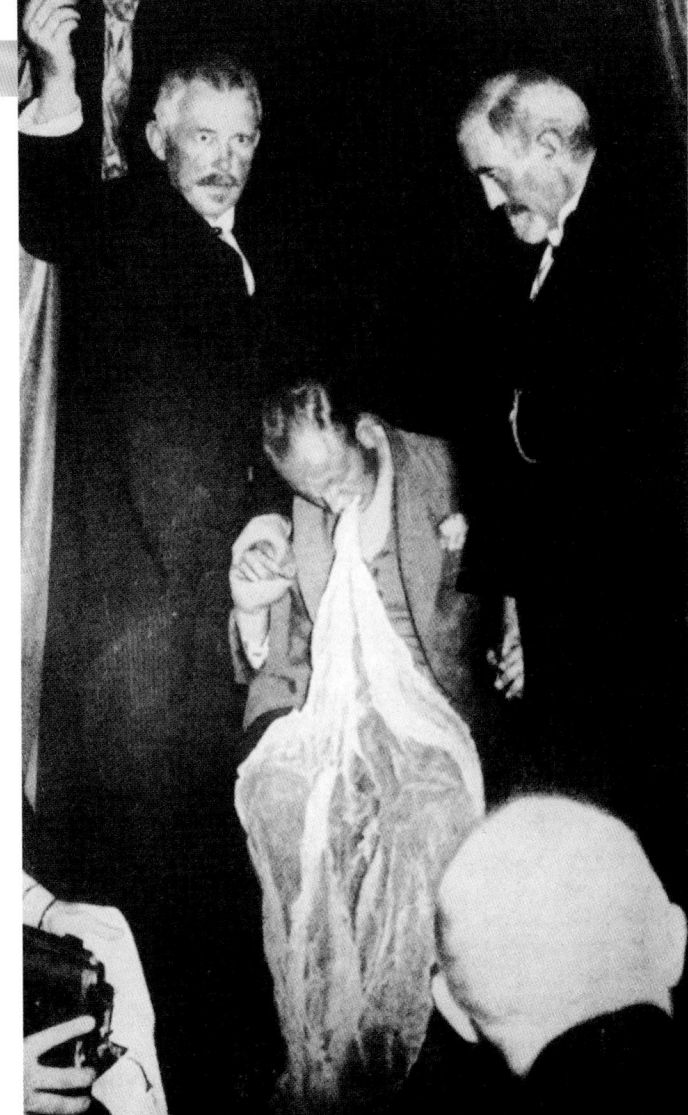

Einer Nielsen fue un médium danés. Aquí se le muestra secretando protoplasma por la boca.

Clarividentes famosos

Muchos sensitivos clarividentes, o médiums, se han hecho famosos gracias a la precisión de las pruebas que ofrecen sobre los espíritus con los que contactan. En la mayoría de los casos tienen el don de la clarividencia desde la infancia. Originalmente, los clarividentes trabajaban con clientes privados o en iglesias espiritualistas, pero últimamente se han hecho famosos en televisión, lo que incrementa enormemente el número de personas que pueden verles trabajar.

ENA TWIGG

Ena Twigg nació en Gran Bretaña poco después de la Primera Guerra Mundial. Era una médium que entraba en trance, clarividente y clariaudiente. Algo que tenía en común con muchos sensitivos es que fue psíquica durante toda su vida, y de niña veía espíritus, a los que llamaba «la gente borrosa». Tuvo muchos éxitos, pero uno de los más celebrados fue que logró localizar al obispo James Pike, que se perdió en el desierto de Judea en septiembre de 1969. En aquel momento nadie sabía qué le había pasado, pero en una sesión privada Ena Twigg entró en trance, y el obispo, que estaba transitando entre la vida y la muerte, se expresó con mucha fuerza a través de ella describiendo las circunstancias de su muerte, que fueron verificadas tres días después cuando finalmente se halló su cuerpo.

BETTY SHINE

Betty Shine era una clarividente británica que escribió libros en los que detallaba el proceso de su milagroso trabajo curativo. Estableció contacto originalmente con su espíritu guía a la edad de dos años, y de adulta le dijo que se convertiría en una poderosa sanadora con capacidades clarividentes. Aunque se mostraba remisa a trabajar como médium, siempre se sentía más contenta cuando daba sanación.

Durante estas sesiones es cuando llevaba a cabo la mayor parte de su trabajo clarividente, viendo las formas espirituales que se creaban a su alrededor, y a aquellos espíritus que querían conectar con los pacientes a los que atendía.

Los clientes de Ena Twigg solían comentar que era muy normal y campechana.

JOHN EDWARD

John Edward fue un clarividente norteamericano que descubrió sus dones psíquicos siendo muy niño, llegando a convertirse en un sensitivo famoso. Cuando era niño, de noche viajaba por el plano astral y podía ver las auras de la gente. Él creía que todo el mundo podía hacerlo y que no tenía nada de especial. Después empezó a leer las cartas y descubrió que sabía cosas de sus clientes sin que se las hubieran dicho. Ha escrito varios libros sobre su trabajo y también ha presentado una serie de éxito en televisión.

GORDON SMITH

Apodado el «barbero psíquico» porque tenía una barbería en Escocia, Gordon Smith es famoso por la calidad y precisión de su trabajo. Es capaz de dar nombres, edades y direcciones precisos, así como gran cantidad de detalles específicos. Su primera experiencia psíquica le ocurrió a los siete años; vio a un amigo de la familia caminar por la carretera, con apariencia normal, pero después descubrió que el hombre había muerto diez días antes. Gordon Smith bloqueó sus habilidades psíquicas hasta los veinte años, cuando estas se reafirmaron y él se unió a un círculo de desarrollo psíquico. Es clarividente, clariaudiente y clarisentiente.

JAMES VAN PRAAGH

James Van Praagh es uno de los clarividentes más conocidos de América. Uno de sus casos más famosos ocurrió en junio de 1995 y estuvo relacionado con un joven que había fallecido en un accidente en el monte Fuji, en Japón. James Van Praagh dio a los padres del joven una gran cantidad de pruebas, incluyendo detalles de la fotografía que se había tomado de él antes de su muerte, que en el momento de realizar la sesión aún no se había revelado.

Desarrollar las habilidades clarividentes

A menos que tengas la suerte de tener un don de clarividencia innato y plenamente activo, tendrás que desarrollar tus habilidades. Existen varias maneras de hacerlo.

GRUPOS DE DESARROLLO PSÍQUICO

Una de las vías clásicas es apuntarse a una clase de desarrollo psíquico en la que alguien con mucha experiencia te guiará y te enseñará a lidiar con el mundo de los espíritus. Normalmente esta persona tendrá capacidades psíquicas. Si no sabes cómo encontrar un grupo de este tipo, puedes contactar con alguna organización espiritual reconocida para ver si hay algún grupo operando en tu zona.

Alternativamente, podrías empezar tu propio círculo psíquico (páginas 184-191), en el que los asistentes os ayudéis mutuamente a desarrollaros.

MEDITACIÓN

La meditación (véanse páginas 44-45) es una de las mejores maneras de desarrollar tus habilidades clarividentes, especialmente si practicas meditaciones con visualización, que desarrollarán tu capacidad de ver imágenes con el ojo de tu mente. En realidad este es el tercer ojo, y es este chakra del entrecejo el que te permite la visión clarividente. Haces esto de manera muy natural cuando sueñas despierto: ves imágenes en tu mente como si estuvieran ocurriendo, dejando fuera todo lo que te rodea; con la clarividencia ocurre lo mismo.

Puedes inventar tus propias meditaciones con visualización. Alternativamente, también pueden recurrir a las numerosas cintas y CD de meditaciones guiadas que están disponibles; muchos han sido publicados por notables maestros espirituales.

LIBROS

Muchos clarividentes han escrito libros que describen sus habilidades (incluyendo todos los clarividentes mencionados en las páginas 346-347), y algunos de ellos contienen información útil para desarrollar tus capacidades psíquicas.

La meditación con visualización es una manera excelente de fortalecer el ojo de tu mente.

TU PANTALLA DE TELEVISIÓN MENTAL

Tus habilidades de clarividencia no se desarrollarán hasta que hayas trabajado el chakra del entrecejo (páginas 76-77). Aquí hay un buen ejercicio que limpia y abre este chakra para que funcione con tanta eficiencia como sea posible. Al principio debes practicar este ejercicio varias veces por semana. Cada vez se hará más fácil usar la pantalla de televisión mental que has creado, y tus imágenes clarividentes se te mostrarán más claras.

1 Reserva un rato en el que no vayas a ser molestado. Siéntate tranquilamente en una silla cómoda con los dos pies apoyados en el suelo.

2 Ponte en un estado totalmente relajado, y a continuación equilíbrate y toma tierra (véanse páginas 24-25), y rodéate de una burbuja protectora de luz blanca (véanse páginas 104-105); después, cierra los ojos.

3 Empieza por tu chakra básico, y ve iluminando mentalmente cada chakra, viéndolo como una bola brillante de luz coloreada. Cuando llegues al chakra del entrecejo, visualízalo como una bola redonda de luz índigo. Mira la bola de cerca. ¿Puedes ver algún área oscura? Si es así, imagina que se disuelven y desaparecen. Ahora ilumina mentalmente tu chakra coronario.

4 Manteniendo los ojos cerrados, enfócate en la zona situada entre las cejas. Imagina que aquí tienes una gran pantalla de televisión. Dibuja mentalmente el perfil de la pantalla. Ahora crea una serie de botones para controlar el tamaño, el brillo y la nitidez de las imágenes que vas a ver en ella. Crea también un interruptor de encendido y apagado.

5 Imagina que limpias la pantalla con un trapo para quitar el polvo. Limpia el polvo, las telarañas y la suciedad que pudie-

ran oscurecer las imágenes que pronto aparecerán; sigue haciéndolo hasta que la pantalla esté reluciente.

6 Cuando estés preparado, presiona el interruptor de encendido. ¿Puedes ver alguna imagen ya? Si es así, permite que se materialicen y toma nota de ellas. Si no es así, imagina una simple imagen, como un árbol o un campo de maíz ondulando al viento. Usando los botones de control, haz que la imagen sea más brillante o más nítida. Es posible que no veas nada físicamente en la pantalla y lo veas en el ojo de tu mente. Permite que la imagen se haga tan real y tridimensional como sea posible.

7 Después de unos minutos de mirar a esta imagen (y cualquier otra que te venga), apaga la pantalla.

8 Cierra totalmente tus chakras (véanse páginas 188-189) y vuelve sutilmente a tu entorno.

Clariaudiencia

Si eres clariaudiente tienes el don de oír las voces, los sonidos y los ruidos que hacen los espíritus. Escuchas otro nivel de vibración, y oyes sonidos que la mayoría de la gente no percibe. Esto es bastante parecido a los perros, que pueden oír sonidos que vibran más allá del rango de audición humano.

Muchos sensitivos son clariaudientes, además de tener otras capacidades psíquicas. Por ejemplo, un médium puede ser clariaudiente y clarividente, pudiendo ver y oír a las entidades espirituales.

CÓMO FUNCIONA LA CLARIAUDIENCIA

Si eres clariaudiente, o bien oyes sonidos dentro de tu cabeza o los oyes como si estuvieran fuera de ti. Cuando estos sonidos parecen estar fuera de ti, tal vez te preguntes por qué nadie más puede oírlos. Incluso cuando están dentro de tu cabeza, es posible que sean tan altos y definidos como si alguien te hablara en voz alta.

Si alguna vez visitas a un clariaudiente para hacer una sesión, o si observas a uno trabajar en un encuentro espiritualista, te darás cuenta de que a veces les cuesta oír lo que dicen los espíritus. Esto se debe a que sus comunicaciones no siempre son fáciles de entender. Para hacer contacto con el mundo físico, los espíritus tienen que ralentizar drásticamente sus vibraciones, y solo pueden hacerlo durante cierto tiempo sin cansarse. Por consiguiente, sus voces pueden sonar erráticas, entrecortadas, aceleradas o como si estuvieran siendo transmitidas por una radio muy pequeña. Los sensitivos a menudo tienen dificultades para distinguir las consonantes que suenan parecido. Por ejemplo, podrían no ser capaces de distinguir si el nombre terrenal de un espíritu es May, Kay o Fay.

¿HABLAN TODOS LOS ESPÍRITUS LA MISMA LENGUA?

A veces el clariaudiente establece contacto con los espíritus de personas venidas de otros países que hablan lenguas extranjeras, y sin embargo es capaz de entenderles muy bien. Y tal vez te preguntes

Clariaudiencia significa «oír con claridad».
Oyes sonidos procedentes de otra vibración.

A veces, el sonido de los espíritus hablando o cantando puede alterar tu sueño.

cómo es posible. De hecho, cada espíritu habla en el mismo idioma que conoció cuando se encontraba presente en la tierra, que a continuación es traducida por fuerzas externas, como por ejemplo los guías del clarividente, al lenguaje que él comprende.

Algunos clariaudientes reciben estas traducciones en forma de símbolos, mientras que otros oyen los mensajes traducidos a su propia lengua. Tanto es así, que parece que la manera exacta en la que opera este proceso se transforma con cada clarividente.

LO QUE PUEDES ESPERAR QUE ESCUCHES

La recepción de un mensaje clariaudiente puede presentarse de muchas maneras. Puedes oír a alguien hablándote, aunque no haya nadie por allí cerca. De noche podría despertarte el sonido de alguien cantando, hablando o susurrando. Alternativamente, podrías oír sonidos musicales. Como es lógico, tienes que comprobar que dichos sonidos no proceden de una fuente terrenal antes de considerar que podrían ser una comunicación clariaudiente. Si oyes música, ¿viene de la calle o de la casa del vecino? ¿Puede oírla alguien más? ¿Es una pieza musical que tiene un significado especial para ti?

Una clariaudiente famosa

La mayoría de los sensitivos que tienen el don de la clariaudiencia también tienen otros talentos. Una de las más conocidas es Doris Stokes, una clariaudiente británica que viajó por todo el mundo dando sesiones a los famosos. Además de ser clarividente, su don de clariaudiencia estaba muy desarrollado, y en su autobiografía describe muchas ocasiones en las que oyó las voces de los espíritus. Una de las experiencias más dichosas para ella fue cuando oyó que una voz desencarnada le dijo que su marido, que estaba desaparecido en combate y se le había dado por muerto durante la Segunda Guerra Mundial, seguía vivo. Una de las más tristes fue cuando la voz le dijo que su hijito de cinco meses, que estaba totalmente sano, ya había cumplido su tiempo en la tierra y se le requería de vuelta al mundo de los espíritus; murió de una enfermedad repentina dos semanas después. El espíritu de su padre fallecido vino a buscarle.

Desarrollo de las capacidades clariaudientes

La clariaudiencia puede venir a ti al mismo tiempo que otros dones psíquicos, o puede desarrollarse independientemente. La mayoría de nosotros hemos tenido episodios de clariaudiencia, aunque es posible que no hayamos sido conscientes de ellos. Por ejemplo, es posible que alguna vez hayas oído una voz interna animándote a hacer algo, o a alguien pronunciando tu nombre, aunque no hubiera nadie por allí cerca.

ESCUCHAR EL SILENCIO

Si deseas realmente incrementar tus habilidades, debes ampliar tu capacidad de escucha.

1 Equilíbrate y toma tierra, como de costumbre (véanse páginas 24-25), y después rodéate de una burbuja protectora de luz blanca (véanse páginas 104-105).

2 Ponte un par de tapones en los oídos o unos auriculares desconectados. Siéntate en silencio y escucha los sonidos que se producen dentro de tu cabeza.

3 Detente transcurridos 20 minutos y anota tus experiencias en un diario destinado a este propósito.

4 Equilíbrate y toma tierra de nuevo, porque este ejercicio podría desorientarte. A continuación, protégete de nuevo con luz blanca.

ESCUCHAR UNA CONCHA MARINA

Una manera de potenciar tus capacidades clariaudientes es escuchar un ruido constante, como el ruido de fondo de una radio que no esté sintonizada con ninguna estación. A medida que escuchas ese sonido de fondo, es posible que escuches voces, bien procedentes de la radio o de dentro de tu cabeza. Otra alternativa es ponerte una concha grande pegada a la oreja. Sus suaves susurros ayudarán a activar y a desarrollar tu clariaudiencia.

1 Equilíbrate y toma tierra como lo has hecho siempre (véanse páginas 24-25), y a continuación rodéate con una burbuja protectora de luz blanca (véanse páginas 104-105).

2 Pégate una caracola grande a la oreja y cierra los ojos; deja que tu mente preste atención a sus murmullos.

3 Detente transcurridos 20 minutos y anota tus experiencias.

4 Equilíbrate, toma tierra y vuelve a protegerte antes de ponerte de pie.

Clarisentiencia

El don de la clarisentiencia significa «sentir con claridad», de modo que experimentas las sensaciones y emociones que pertenecen a otras personas o a los espíritus como si te estuvieran ocurriendo a ti. Los sanadores a menudo tienen la capacidad de sentir el dolor o la incomodidad de sus pacientes, y esto puede guiarles hacia la zona del cuerpo que necesita curación. Cuando un sensitivo clarisentiente establece contacto con un espíritu, experimenta las emociones y sentimientos físicos que el espíritu le transmite. Por ejemplo, puede saber cómo murió una persona porque experimenta las mismas sensaciones físicas: por ejemplo, un dolor en el pecho si la persona murió de un ataque al corazón.

La clarisentiencia también te permite captar el ambiente que te rodea, como cuando vas a un edificio encantado y te sientes incómodo, o como si alguien estuviera observándote. La psicometría, que se explora detenidamente más adelante en esta sección (véanse páginas 364-369), es otra forma de clarisentiencia.

Sentir calor o frío en tu aura es un ejemplo de clarisentiencia.

¿ES SIMPLE TELEPATÍA?

Hay ocasiones en las que es difícil distinguir entre la clarisentiencia y la telepatía. Por ejemplo, hay muchos casos en los que las parejas de mujeres embarazadas experimentan todos los dolores del parto mientras este se está produciendo. Incluso hay casos en los que la mujer que estaba pariendo no sintió ningún dolor en absoluto, pero su compañero se encontraba en una agonía. Posiblemente todas estas experiencias se deben más a la telepatía que a la clarisentiencia pura. Los casos en los que las personas están separadas físicamente y no tienen manera de contactar entre sí son más claramente de clarisentiencia, aunque es posible que los sujetos también sean telepáticos.

DETECTIVES PSÍQUICOS

Los ejemplos más convincentes de clarisentiencia se producen cuando la persona que está experimentando las emociones o las sensaciones físicas lo hace «a ciegas», sin tener conocimiento previo de las circuns-

La psicometría es una clásica habilidad clarisentiente. Algunos psíquicos la usan para rastrear a personas perdidas.

tancias involucradas. Por ejemplo, aunque no siempre se declara este hecho, las fuerzas de policía de todo el mundo a veces piden ayuda a los sensitivos para resolver casos particularmente complicados. Algunos de estos sensitivos son clarisentientes, de modo que sienten las sensaciones físicas que experimentaron las personas involucradas en el caso. Por ejemplo, si la policía está investigando un caso difícil de una persona desaparecida, podría pedir ayuda a un clarisentiente, a quien se da un objeto que perteneció al desaparecido. El clarisentiente es capaz de sintonizar con la energía de ese individuo y tal vez pueda decir lo que le ha ocurrido basándose en sus propias sensaciones físicas. Podría revivir las sensaciones de estar muriéndose ahogado, o decir que cree que la persona está encerrada en una pequeña habitación con las manos y pies esposados.

OLORES SOBRENATURALES

Cuando alguien muere, sus familiares y amigos a veces experimentan olores inexplicables que les recuerdan a esa persona. Si el individuo en cuestión era fumador, y el resto de la familia no fuma, es posible que de repente noten ráfagas de olor a humo de cigarrillo, sin motivo aparente. Y podrían explicarlo pensando que los muebles han quedado impregnados de humo, y por eso lo pueden oler. Pero esto no explica por qué no notan el olor a humo en todo momento. Podría muy bien ocurrir que el espíritu de esa persona estuviera tratando de conectar con sus seres queridos enviándoles un olor que puedan asociar con él. Alternativamente, si ha sido muy aficionado a cultivar rosas, podría enviar olor a rosas a sus familiares. En verano esto podría confundirse con el olor de las rosas del jardín, pero la situación es muy distinta en invierno, cuando no hay rosas en flor. Muchas personas, cuando están asistiendo al duelo por un fallecido, comentan que pueden oler en el aire su loción de afeitado favorita o su perfume, especialmente en momentos importantes, como los aniversarios significativos. Esta es una forma simple de clarisentiencia.

Hay muchos casos de personas que huelen aromas que no parecen tener conexión con lo que está pasando en su entorno, como las que huelen el olor del pan horneándose. Podría tratarse de un olor producido por un fantasma que habita en la casa.

*Toma nota de los aromas florales que surjan
fuera de estación, como el olor a rosa en invierno.*

Desarrollar la clarisentiencia

Si quieres desarrollar la clarisentiencia, tienes que hacerte más sensible a tu entorno para poder empezar a captar las energías y vibraciones que te rodean. Existen muchas maneras de hacerlo, y aquí te expongo algunas sugerencias. También puedes practicar la psicometría, que es un uso excelente de la clarisentiencia (véanse páginas 364-369).

Una casa encantada

Para realizar este ejercicio, tienes que elegir una casa que se sepa que está encantada por un espíritu particular, sin descubrir quién es ese espíritu. Por ejemplo, podrías visitar una vieja casa abierta al público, pero sin leer la guía escrita ni escuchar al guía turístico. Camina sucesivamente por cada habitación, comprobando si notas alguna sensación u olor que no te pertenecen. ¿Te sientes ansioso o nervioso en una habitación, pero perfectamente bien en todas las demás? Cuando hayas completado el paseo por la casa, puedes verificar las impresiones sentidas consultando la guía escrita o la audioguía, o hablando con alguno de los empleados.

¿QUIÉN HA ESTADO SENTADO EN MI SILLA?

Para practicar este ejercicio necesitas varias personas más. Cada uno de vosotros debe sentarse en su propia silla en la misma habitación.

1 Todos los presentes debéis cerrar los ojos. A continuación, poneos a meditar o simplemente sentaos en silencio en la silla durante unos 20 minutos.

2 Transcurrido ese tiempo, todos tenéis que poneros de pie y pasar a la siguiente silla por la izquierda sin hablar. A continuación, debéis sentaros en la nueva silla y sintonizar con la energía que emana de ella.

3 En silencio, toma nota de las sensaciones que te llegan. ¿Te sientes distinto en esta nueva silla? ¿Te sientes ansioso, relajado, cansado, muy despierto, feliz o triste?

4 Después de unos pocos minutos, pide sucesivamente a cada persona que describa sus sensaciones, y pídeselo también a la persona que estaba sentada en la silla que ahora ocupas. Con mucha frecuencia, la persona que anteriormente había estado sentada en esa misma silla verificará que estaba sintiendo las sensaciones descritas.

Psicometría

Todas las cosas, animadas e inanimadas, tienen un aura. Cuanto más frecuentemente se use un objeto, más probable es que tenga un aura intensa. Por ejemplo, un anillo de bodas está rodeado por un campo electromagnético que contiene información sobre lo que le ha ocurrido a lo largo de los años. Su aura puede hablarnos de las personas que lo han llevado puesto y de los sucesos significativos que les han ocurrido. Por otra parte, una silla situada en una habitación que no se usa probablemente no tendrá un aura muy intensa, a menos que haya ocurrido algo significativo cerca de ella a lo largo de los años.

La psicometría es el arte de leer el aura de los objetos inanimados, generalmente sosteniéndolos. Es posible que ya practiques la psicometría inadvertidamente cuando decides no comprar un objeto en una tienda porque no te produce buena sensación. Imagina que te sientas atraída hacia una pulsera de oro en el escaparate de una tienda de antigüedades. Entras y dices que quieres probártela. Es muy bonita, pero, en cuanto la tienes en la muñeca, empiezas a sentirte deprimida, comienza a dolerte la cabeza y sientes frío o cansancio. Piensas que solo es una coincidencia, pero decides no comprar la pulsera de todos modos. Al salir de la tienda, ves que la vuelven a poner en el escaparate. Resulta extraño, piensas, porque es muy bonita, pero por algún motivo ahora hay algo en ella que no te gusta.

De hecho, acabas de practicar la psicometría. Has conectado con el aura de la pulsera y has tomado la energía de una de sus dueñas anteriores, que podría estar enferma o deprimida. No obstante, no vas a poder confirmarlo porque es poco probable que puedas enterarte de la historia de la pulsera.

TRABAJAR EN GRUPO

Una manera muy eficaz de practicar la psicometría es trabajar con un grupo de amigos que compartan tus objetivos. Este es un ejercicio especialmente bueno para un

Confía en tus instintos al captar la energía de un objeto. Observa qué viene a ti.

círculo psíquico (véanse páginas 184-191), porque vuestras energías combinadas os ayudan a elevar las vibraciones de la habitación y a potenciar las capacidades psíquicas de todos.

Haz que cada persona traiga dos o tres objetos para practicar la psicometría. Los objetos deben ser relativamente pequeños para que sean fáciles de transportar, y también deben haber estado mucho tiempo en contacto íntimo con el propietario para asegurarse de que hayan tomado sus energías. Puedes elegir una amplia variedad de objetos, como relojes, anillos, otras joyas, bolsos, carteras, plumas de escribir, juguetes y llaves, siempre que su historia solo sea conocida por la persona que los trae.

Pide a todos los presentes que depositen sus cosas en una gran bandeja sobre la que habrás extendido una tela para que nadie pueda ver los demás objetos. Mézclalos delicadamente. Cuando todo el mundo esté preparado, el líder del grupo debe pedir sucesivamente a cada persona que elija un objeto y practique la psicometría con él (véase página 364). Si es necesario, podéis establecer un límite temporal para cada lectura. Al final, anima a los presentes a que den su descripción constructiva.

Pequeños objetos que se llevan cerca del cuerpo, como relojes y plumas, son ideales para practicar la psicometría.

DAR UNA LECTURA DE PSICOMETRÍA

Si te interesa aprender más sobre la psicometría y refinar tus habilidades, debes trabajar con objetos cuya historia sea conocida, pero no por ti. Entonces podrás obtener información valiosa sobre si estás leyéndolos correctamente o no. Si no sabes nada de la historia de un objeto, no sabrás si estás siendo completamente preciso o si estás muy fuera de lugar hasta que te lo revelen. Esto significa que tienes que trabajar con alguien que te dé un objeto adecuado para leer.

Elige alguien positivo, de mente abierta, y con quien te sientas cómodo. En el caso ideal, el objeto no debería pertenecer a esa persona, de manera que no haya captado su energía. Por ejemplo, ella podría ofrecerte el anillo de bodas de su abuela o el reloj de su hijo, sin ofrecerte ninguna pista sobre quién es el propietario.

1 Antes de comenzar la lectura, asegúrate de estar bien asentado y equilibrado (véanse páginas 24-25), como siempre. Esto te ayudará a distinguir entre tus propias emociones y sensaciones físicas, y las provocadas por la lectura psicométrica.

2 Ahora toma el objeto en tu mano de la manera que prefieras y tenlo así durante un par de minutos. Cierra los ojos si eso mejora tu concentración. Respira normalmente y permítete sintonizar con el objeto que estás sosteniendo.

3 A algunos psicómetras les gusta sostener el objeto con ligereza en la palma de la mano. Otros prefieren tocarlo con la punta de los dedos, y a otros les gusta sostenerlos sobre su frente. Elige el método que te parezca adecuado y el que te dé mejores resultados.

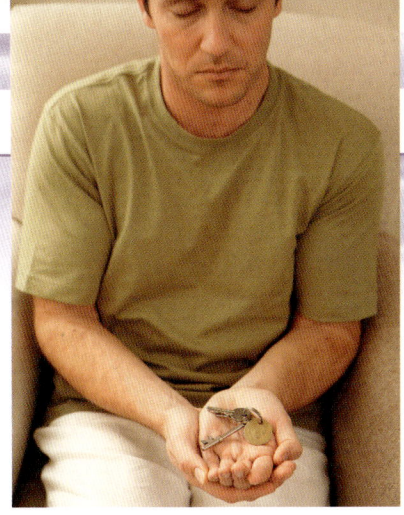

4 Toma nota de los pensamientos, emociones, imágenes o sensaciones corporales que te vengan. No intentes analizarlas, y no te preocupes de si tienen sentido. Aunque las impresiones que te lleguen te puedan parecer extrañas o estrambóticas, siempre tienes que decirlas. Podrían tener mucho significado para la persona a la que estás dedicando la lectura. Puedes ver la imagen de una gallina y preguntarte qué significa. Si no estás seguro de cómo interpretarla, simplemente di que puedes ver una gallina. Es posible que el dueño del objeto sea criador de gallinas o que viva en el Rancho del Gallo.

5 Simplemente comienza a hablar y ve qué pasa; esta es una de las mejores maneras de hacer una lectura de psicometría, especialmente cuando aún estás aprendiendo. Es posible que te escuches a ti mismo hablar fluidamente y que te preguntes cómo te está llegando tanta información. No dejes que esto te inhiba. Sigue hablando y di lo que te venga a la mente. Detente cuando ya no tengas nada más que decir. No empieces a inventarte cosas.

6 Ahora pide a la otra persona que te dé *feedback*. Anímale a ser honesta contigo, porque es una pérdida de tiempo para ambos que te diga que has sido absolutamente preciso cuando en realidad has acertado pocas cosas. Sin embargo, es poco probable que ocurra esto. Es mucho más probable que te sientas asombrado ante tu alto nivel de precisión.

Precognición y premonición

Existe una sutil diferencia entre la premonición y la precognición. La palabra premonición significa literalmente «avisar con antelación», mientras que precognición significa «conocer por adelantado». Por tanto, las premoniciones a menudo producen una sensación ominosa.

La raza humana siempre ha experimentado precogniciones y premoniciones, y la mayoría de nosotros estamos familiarizados con la sensación de que deberíamos o no deberíamos hacer algo. Existen muchos casos de personas cuya intuición les dijo que no tomaran un tren o un avión en un día concreto, y más adelante se sintieron horrorizadas al enterarse que habían sufrido un accidente terrible. Otras veces las personas han emprendido acciones para evitar su suerte y se han encontrado con ella de todos modos. Esto suscita preguntas sobre nuestro libre albedrío y cuándo vamos a morir. Algunas personas dicen que morimos exactamente en el momento adecuado para nosotros: no hay errores con respecto al lugar y la hora de nuestra muerte. Otras creen que tenemos varias oportunidades de morir durante nuestra vida, y que podemos elegir si queremos tomarlas o no.

AFINAR LA INTUICIÓN

Al igual que ocurre con todas las técnicas psíquicas, puedes entrenarte para ser más consciente de tus intuiciones. La mejor manera de hacerlo es escucharlas y después actuar a partir de ellas. También puedes anotar en un diario la premonición, la acción que emprendiste y el resultado. El truco consiste en prestar atención a tus premoniciones sin ana-

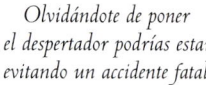

Olvidándote de poner el despertador podrías estar evitando un accidente fatal.

Cita en Samarra

Una vieja leyenda medieval aborda la idea de que estamos destinados a morir en cierto momento. Un sirviente estaba comprando en el bazar de Bagdad cuando se sintió horrorizado de toparse con la muerte. La muerte miró al sirviente tan fijamente que él volvió corriendo a su amo, aterrorizado, y le explicó lo que le había ocurrido. Le pidió que le dejara prestado un caballo para salir rápidamente de Bagdad y llegar a Samarra al anochecer. El amo accedió y el sirviente partió. Poco después el amo fue al bazar y vio a la muerte, que aún estaba entre la multitud. Sin temor, le abordó y le preguntó por qué había atemorizado a su sirviente aquella mañana.

«Me sorprendió verle aquí —replicó la muerte—; tengo un encuentro con él en Samarra esta noche.»

---

lizarlas mucho ni darles excesiva importancia. Simplemente deja que se registren en tu mente y después anótalas.

Las premoniciones pueden variar mucho, yendo de lo más mundano o vulgar a lo más impresionante. Por ejemplo, al salir de casa puedes decidir llevar un paraguas aunque haga un día de sol brillante porque estás convencido de que después lloverá, y llueve. O de repente podrías sentir ansiedad con respecto a un amigo, y estar convencida de que le ha ocurrido algo, y al poco tiempo descubrir que se ha roto la pierna.

Existen algunos casos célebres de premonición y precognición, aunque por desgracia a veces acaban en tragedia.

CHEIRO Y EL *TITANIC*

Se cuentan muchas historias de personas que han sentido premoniciones con respecto a viajar un día concreto, o en una

Hubo muchas premoniciones sobre el hundimiento del Titanic, *aunque se le creía un navío imposible de hundir.*

modalidad de transporte particular. Antes de que el *Titanic* saliera de Southampton en su primer y único viaje a Nueva York el 10 de abril de 1912, había premoniciones de que se hundiría. El barco era famoso porque se le consideraba «imposible de hundir», de modo que imaginamos que estas premoniciones fueron fáciles de descartar. Una persona que ciertamente las descartó fue el periodista y editor W. T. Stead. A él le preocupaba la idea de que podía morir por la violencia de una multitud y consultó varias veces a Cheiro, un famoso quiromántico, a este respecto. En junio de 1911 Cheiro escribió a Stead diciéndole que el único peligro que afrontaba venía del agua. Avisó a Stead que evitara viajar por mar, particularmente a mediados de abril de 1912, «de otro modo afrontarás un peligro tan grande para tu vida que podría ocurrir lo peor». Stead tenía billete para viajar en el *Titanic* e ignoró la advertencia de Cheiro. Se hundió cuando el transatlántico chocó con un iceberg el día 15 de abril.

Este es un ejemplo fascinante de la precognición de Cheiro, que tenía fama por su precisión no solo en la lectura de manos, sino también en numerología y astrología. Stead debía saberlo, porque las excepcionales facultades de Cheiro eran conocidas y celebradas a ambos lados del Atlántico, y sin embargo eligió partir con el *Titanic* porque sentía la llamada del deber.

Esta historia también suscita otra cuestión: ¿Qué le habría ocurrido a Stead si se hubiera quedado en Londres en lugar de partir con el *Titanic* aquel mes de abril? ¿Se le habría presentado algún otro peligro relacionado con el agua?

EL ASESINATO DE ROBERT KENNEDY

No todas las personas que tienen premoniciones sobre desastres que les van a ocurrir a otras son capaces de advertirles. Un ejemplo extraordinario es el de Jeanne Gardner, un ama de casa de Virginia Occidental. Ella siempre había oído una voz que le daba avisos, y en 1967 esta voz le dijo que Robert Kennedy iba a ser asesinado. Un año después, a comienzos de junio, la voz le dijo que el senador Kennedy sería asesinado en una «cocina» en las primeras horas del 5 de junio y por un hombre de corta estatura. El mensaje acabó con las palabras «Sirhan, Sirhan». La señora Gardner se sintió tan alterada por esta información que la noche del 4 de junio la soltó ante muchas personas que habían asistido a una conferencia organizada por un editor (había ido allí para encontrar editor para su autobiografía), diciendo que Kennedy sería asesinado en una cocina a la mañana siguiente. Y efectivamente, Robert Kennedy murió pocas horas después: un hombre de corta estatura llamado Sirhan Sirhan le disparó el 5 de junio a las 12.15 a.m. en la despensa del Ambassador Hotel de Los Ángeles.

La premonición de la señora Gardner es notable no solo por su precisión e información detallada (que incluye el verdadero nombre del asesino de Robert Kennedy), sino también por el hecho de haberlo anunciado ante tantos testigos la noche antes de que se produjera el asesinato.

Telepatía y percepción extrasensorial

En los años 30 del pasado siglo se adoptó el término «percepción extrasensorial» como una alternativa más científica a lo que comúnmente se llamaba telepatía. Si bien se fruncía el ceño ante la telepatía, la percepción extrasensorial se consideraba bastante respetable. El doctor J. B. Rhine, uno de los grandes investigadores de la parapsicología, acuñó las palabras «percepción extrasensorial», y llevó a cabo muchos estudios en Duke University, Carolina del Norte, para descubrir qué era exactamente esta capacidad. Actualmente la distinción entre telepatía y PES tiende a difuminarse, y los dos términos se consideran sinónimos. Sin embargo, esto no es preciso, porque existen ciertas diferencias entre ellas.

La telepatía describe la transmisión de pensamientos y emociones de la mente de una persona a la de otra. La percepción extrasensorial, por su parte, describe la capacidad de percibir algo sin usar ninguno de los cinco sentidos externos. Por tanto, abarca una amplia variedad de habilidades, entre las que se incluyen la clarividencia, la psicometría, la radiestesia, la telequinesis, la visión remota, la precognición y, ciertamente, la telepatía.

PRACTICAR LA TELEPATÍA

La mayoría de nosotros hemos experimentado algún tipo de telepatía, aunque es posible que la descartáramos como una mera coincidencia. Un ejemplo común es cuando una persona dice lo que está pensando otra, especialmente si no está relacionado con lo que está pasando en ese momento. Esto ocurre especialmente entre personas que se conocen muy bien. Por ejemplo, un marido y su mujer pueden estar trabajando afanosamente en el jardín un día de verano cuando el marido empieza a pensar que podrían ir a algún lugar lejano en Navidad, en lugar de hacer una gran celebración habitual en su casa. Un momento después, y antes de que él tenga la oportunidad de comentar nada, la esposa expresa sus pensamientos con palabras y hace esa misma sugerencia. Otro ejemplo simple es el de pensar en alguien y casi inmediatamente recibir una llamada telefónica de esa persona. La telepatía también es particularmente intensa en-

La comunicación telepática suele ser muy intensa entre padres e hijos.

tre padres e hijos; a menudo un padre sabrá, sin que haga falta decírselo, que su hijo está enfermo o que tiene problemas.

EXPERIMENTAR CON LA TELEPATÍA

Una de las maneras clásicas de evaluar si alguien tiene poderes telepáticos es usar una baraja de cartas Zener, las cartas de la percepción extrasensorial. El doctor Rhine creó esta baraja de 25 cartas, y su socio, Karl Zener, les dio su nombre. Son cinco cartas, cada una de ellas con un dibujo diferente: un círculo, una cruz, un cuadrado, una estrella y unas líneas ondulantes. En los experimentos de elección forzosa (así llamados porque no hay elección con respecto a la imagen que se transmite), un individuo envía la imagen de cada carta a otro que está sentado en otra habitación.

La persona que va a enviar las imágenes baraja bien las cartas y las va extrayendo de una en una; a continuación se concentra en la primera imagen durante dos minutos, mientras que el receptor trata de visualizar cuál es esa imagen y después lo anota. Transcurridos los dos minutos, el emisor hace sonar una campana para indicar que va a pasar a la carta siguiente. Cuando se han transmitido las 25 cartas, el emisor y el receptor comparan notas. Una puntuación de cinco cartas acertadas puede achacarse a la pura casualidad. Una puntuación superior sugiere que está funcionando la telepatía.

SIMPLES PRUEBAS DE PES

Puedes evaluar tu PES en muchas situaciones cotidianas. Por ejemplo, la próxima vez que acuerdes una cita con un amigo en alguna parte procura llegar un poco antes. Una vez allí, pregúntate a qué hora exacta va a llegar tu amigo. Escucha la respuesta y comprueba si has acertado. Alternativamente, si estás en un restaurante, puedes preguntarte cuántas personas van a entrar por la puerta antes de que llegue tu amigo. Una vez más, escucha la respuesta y comprueba si es correcta.

Otra prueba simple es sentir el color de los objetos. Puedes practicar esto con una pequeña colección de rotuladores de colores. Sitúa los rotuladores delante de ti, cierra los ojos y mézclalos, de modo que no tenga sentido recordar su posición original. Ahora toma un rotulador o pon tu mano sobre él y siente de qué color es. Abre los ojos para ver si estás en lo cierto.

Las cartas Zener determinan los poderes de telepatía de las personas.

Déjà vu

Cuando experimentamos un *déjà vu* sentimos como si la historia se estuviera repitiendo. Tenemos una extraña sensación de intensa familiaridad, como si ya hubiéramos vivido un momento concreto con anterioridad y ahora estuviéramos experimentándolo de nuevo, aunque en realidad estamos viviéndolo por primera vez. Muy a menudo esta sensación del *déjà vu* ocurre en incidentes triviales. Por ejemplo, puedes estar conversando con un amigo en una cafetería sobre una película que has visto recientemente, y sientes con todo detalle que has hecho eso mismo anteriormente.

Déjà vu son dos palabras francesas que significan literalmente: «Ya visto». Es algo que ocurre de manera totalmente espontánea y no puede provocarse a propósito. Entre un episodio de este tipo y el siguiente pueden pasar años.

¿QUÉ ES?

Existen varias teorías sobre el *déjà vu*. Algunas personas consideran que no es nada más misterioso que un mal funcionamiento cerebral: por un momento el cerebro es incapaz de detectar la diferencia entre el presente y el pasado. Ciertamente, el *déjà vu* es un síntoma reconocido de epilepsia del lóbulo temporal: alguien tiene una clara sensación de *déjà vu* poco antes o durante un ataque epiléptico. Otra teoría afirma que es la realización de un deseo de la persona que tiene la experiencia, aunque esto no explica por qué el *déjà vu* se produce en algunas situaciones irrelevantes. En psicología, esta experiencia se conoce como paramnesia. Otra teoría declara que está relacionado con experiencias de vidas pasadas, y si sentimos que hemos estado en algún lugar anteriormente es porque así es.

HE ESTADO AQUÍ ANTES

Aunque es poco probable que todas las experiencias de *déjà vu* estén conectadas con una vida anterior, algunas son tan sorprendentes que merece la pena considerar esta teoría. Arthur Guirdham cuenta algunas de estas experiencias en su libro *The Catars and Reincarnation*, y el conjunto ofrece argumentos convincentes a favor de la reencarnación.

Algunas experiencias de déjà vu *son tan corrientes que cuesta encontrar una explicación para ellas.*

Visión remota

¿No sería útil saber lo que está ocurriendo al otro lado del mundo sin tener que usar una tecnología especial? Esto nos permitiría observar a nuestros seres queridos que están lejos, y los gobiernos podrían espiar a otros países. Estas capacidades pueden sonar como materiales propios de ciencia ficción, pero ya se practica una técnica denominada visión remota. Es un tipo de clarividencia en la que a alguien se le da

Gran Hermano está vigilando

En el mundo actual siempre estamos bajo la supervisión de cámaras de televisión en circuito cerrado, satélites y muchos otros dispositivos. Y, aunque no nos damos cuenta, también es posible que estemos siendo observados por videntes remotos que hayan sido entrenados por sus gobiernos. En 1995, el gobierno de Estados Unidos admitió que había lanzado un programa de visión remota en los años 70, en plena «guerra fría», que le permitió espiar a Rusia y otros países considerados hostiles en aquellos momentos. Su nombre era «Puerta Estelar» y el programa continuó hasta 1995. Se emplearon diversas técnicas, pero una de las más exitosas fue dar únicamente a los videntes remotos las coordenadas de una longitud y latitud particulares, y preguntarles qué podían ver. Sus informes fueron notablemente precisos y detallados. ¿Tal vez la visión remota aún se siga practicando?

el nombre de un lugar del mundo y a continuación se le pide que lo describa. Los videntes remotos, como se les llama, pueden ser notablemente precisos, especialmente cuando dan descripciones de visiones que no entienden.

PRUÉBALO TÚ MISMO

Si deseas practicar la visión remota, en el caso ideal necesitas un ayudante para verificar lo que has visto. Esta persona puede darte las coordenadas de un lugar que ella conoce, y seguidamente darte un *feed-

Los videntes remotos ofrecen descripciones detalladas de los lugares que pueden ver.

back* útil de tus descripciones. Alternativamente, podrías verle a ella en su casa o cuando sale fuera.

No acordéis una hora específica para esta práctica, porque entonces realmente estaréis pensando inevitablemente el uno en el otro, y esto podría activar la telepatía y distorsionar el experimento. Sin embargo, podéis poneros de acuerdo para hacerlo un día concreto.

Psicoquinesis

Dicho de manera muy simple, la psicoquinesis (también conocida como PK) es la capacidad de que la mente ejerza su dominio sobre la materia. Por ejemplo, esto puede involucrar mover una silla de un rincón de la habitación a otro. Es posible que esto suene extraordinario, pero no hay nada nuevo en ello. Hay un notable ejemplo de psicoquinesis en la Biblia, cuando Jesús convierte el agua en vino.

La PK ha sido investigada en laboratorios científicos con distintos grados de éxito. Exige una enorme concentración mental en la mayoría de las personas, pero no en todas. Algunos practicantes de la psicoquinesis sudan copiosamente durante los experimentos, y pierden mucho peso, mientras que otros, como Uri Geller, pueden practicarla sin esfuerzo.

DOBLAR CUCHARAS

La capacidad de Uri Geller para doblar cucharas causó sensación cuando salió por primera vez en la televisión británica a comienzos de los años 70. Cucharas de metal perfectamente ordinarias, que eran completamente rígidas y se comportaban como era de esperar, se ablandaban y se doblaban, tomando formas retorcidas cuando Uri Geller las acariciaba. Aunque algunos magos dicen que esto no es más que un simple truco, o que Geller doblaba físicamente las cucharas cuando nadie estaba mirando, la ciencia dio una respuesta distinta. Cuando estas cucharas fueron analizadas en laboratorio, se descubrió que el metal había sido sometido a una tensión extraordinaria, por lo que era imposible que se hubieran doblado manualmente. Estaba operando alguna otra fuerza. Curiosamente, Geller dice que a los niños pequeños no les cuesta doblar cucharas porque aún no se les ha enseñado que es imposible.

EL BOCADILLO MÓVIL

La psicoquinesis no consiste únicamente en doblar cucharas o en arreglar relojes estropeados, que es otro de los fenómenos característicos de Uri Geller. Algunos practicantes de la psicoquinesis pueden mover objetos a voluntad. Nina Kulagina, un ama de casa rusa, descubrió que podía mover plumas de escribir y las agujas de las brújulas. Otra mujer rusa, Nelya Mikhailova, hizo que el bocadillo del reportero se desplazara por el escritorio hasta caer al suelo, usando únicamente el poder de su mente.

Los poderes psíquicos de Uri Geller aún son objeto de controversia más de 30 años después de hacerle famoso.

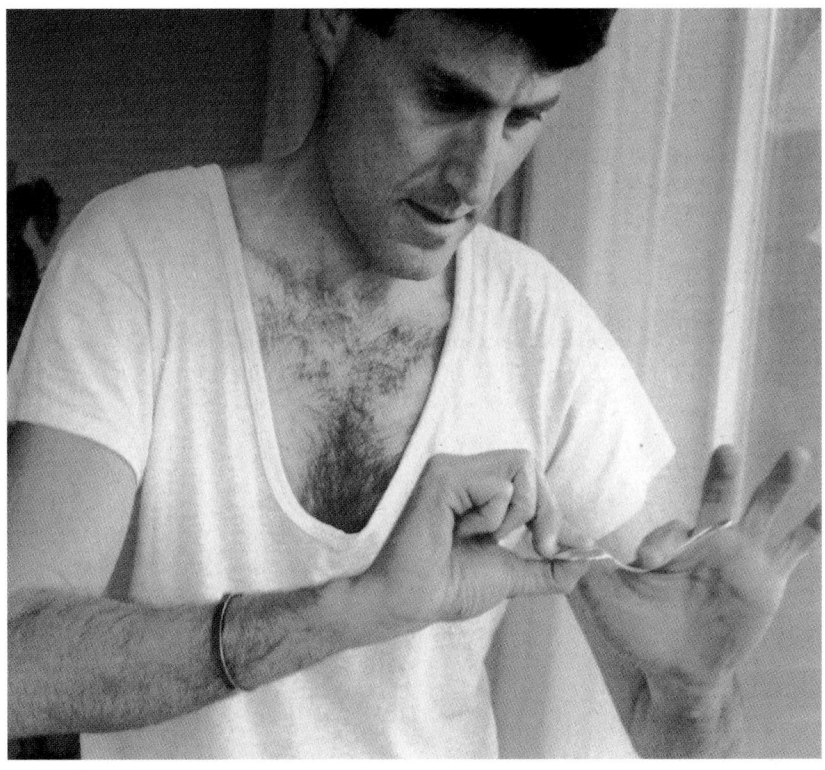

Glosario

Ángel. Un ser celestial. Se cree que el reino angélico se divide en tres Coros, y cada coro está compuesto por tres grupos.

Ángel guardián. Un ángel al que se le asigna el papel de guardián de una persona a lo largo de cada una de sus vidas, y también en el estado entre vidas.

Aura. La capa de energía sutil o electromagnética que rodea a toda entidad viviente. El aura de los humanos está compuesta por siete capas.

Bola de cristal. Una bola redonda de cristal que se usa para hacer lecturas adivinatorias. Su superficie reflexiva puede animar al lector a entrar en un ligero trance.

Canalización. La capacidad de recibir mensajes de una entidad no física, a menudo del espíritu de una persona que el canalizador ha conocido.

Cartas del tarot. Una baraja de 72 cartas que está compuesta por *arcanos mayores* y *menores*, que se utiliza para practicar la adivinación.

Cartas Zener. Una serie de 25 cartas, cada una de las cuales tiene inscrita la imagen de una estrella, un cuadrado, una cruz, un círculo o líneas ondulantes. La imagen de cada carta es transmitida telepáticamente de una persona a otra.

Ceromancia. Una forma de adivinación en la que la cera derretida se vierte sobre un cuenco con agua. A continuación se interpreta la forma que se crea al solidificar la cera.

Chakra. Un punto de energía dentro del aura y del cuerpo humano. Los siete chakras mayores son los puntos en los que se cruzan un mayor número de líneas. Los cuatro chakras superiores están contenidos únicamente en el aura.

Cirugía psíquica. Una operación física realizada sobre un paciente por un sanador que suele estar en trance.

Clariaudiencia. La capacidad de oír voces y otros sonidos, bien externamente o dentro de la mente de la persona.

Claricognición. La capacidad de saber cosas que no nos han sido dichas.

Clarisentiencia. La capacidad de sintonizar con ambientes o con las sensaciones físicas o emociones de otra persona.

Clarividencia. La capacidad de ver formas espirituales, bien como materializaciones o en el ojo de la mente.

Cristales. Piedras preciosas o semipreciosas con poderosas propiedades energéticas. Son particularmente eficaces cuando se usan para curar.

Déjà vu. La sensación de que se repite un suceso que ya ha ocurrido, aunque en realidad se está experimentando por primera vez.

Ectoplasma. La sustancia sedosa secretada por el cuerpo de un médium físico mientras está en trance. El ectoplasma a menudo toma la forma de un espíritu.

Escritura automática. Escritura que se produce estando en comunicación con un espíritu.

Espíritu guía. Una entidad no física que guía a un alma a lo largo de sus numerosas vidas.

Espíritu maestro. También conocido como maestro ascendido, se trata de un gran profesor o profeta que anteriormente vivió en la tierra.

Experiencia cercana a la muerte. Una experiencia en la que el espíritu de una persona abandona su cuerpo y viaja hacia, o a través de, un oscuro túnel que conduce a una fuente de luz. En algún momento el espíritu retorna al cuerpo.

Experiencia de salida del cuerpo. En esta experiencia el cuerpo astral de la persona se separa brevemente de su cuerpo físico.

Fantasma. Un espíritu que tiene encantado un lugar particular. Los fantasmas suelen ser los espíritus de personas que no son conscientes de haber muerto.

Fotografía Kirlian. Un método para fotografiar el aura de las entidades vivientes.

Grupo del alma. Grupo de personas al que pertenece un alma, y que eligen reencarnar aproximadamente al mismo tiempo.

I Ching. Un método chino de adivinación que, en su nivel más elevado, también se considera una forma de filosofía.

Inconsciente colectivo. El término dado por Carl Jung a un nivel muy profundo de la psique que todos compartimos.

Lectura adivinatoria de la bola de cristal. La práctica de mirar una superficie brillante o reflectante para tener visiones o entrar en trance.

Llama gemela. Un alma que es la otra mitad de tu propia alma.

Mandala. Un diseño simbólico y una imagen sagrada que a menudo se usa para enfocarse en ella durante la meditación o la contemplación. En psicología jungiana es un símbolo del Sí Mismo.

Meditación. Un forma de contemplación o control del pensamiento en la que la mente se dirige hacia dentro.

Médium. También conocido como sensitivo, el médium es un intermediario entre una persona viva y un espíritu.

Meridiano. Uno de los estrechos canales que transmiten energía, o *chi*, por el cuerpo. Los meridianos son especialmente importantes en acupuntura.

Pareja del alma. Alguien a quien conoces a lo largo de varias encarnaciones y con quien es probable que mantengas una amplia variedad de relaciones.

Péndulo. Un dispositivo hecho de cristal, madera o metal que se usa en radiestesia.

Percepción extrasensorial. La capacidad de percibir algo sin usar los cinco sentidos habituales.

Poltergeist. Un espíritu molesto que mueve objetos o produce ruido.

Precognición. La capacidad de saber algo, por medios psíquicos, antes de que ocurra.

Premonición. Una advertencia previa sobre algún suceso que se recibe a través de medios psíquicos.

Psicometría. La capacidad de sintonizar con la historia física y emocional de un objeto tocándolo.

Psicoquinesis. La capacidad de influir en los objetos físicos mediante el poder de la mente.

Radiestesia
La capacidad de sintonizar con la energía de un objeto particular usando varillas de zahorí, un péndulo o los chakras de las manos.

Reencarnación. La creencia, compartida por muchas religiones del mundo, de que volvemos a nacer después de morir.

Registros akáshicos. Una zona del plano astral que contiene los registros de todo lo que ha ocurrido en la tierra.

Remedio floral. Un líquido que se prepara macerando una flor en agua. El remedio energético resultante aporta armonía a las emociones.

Runas. Un tipo de adivinación en el que se utilizan las 24 letras del antiguo alfabeto rúnico.

Sincronicidad. El término creado por Carl Jung para describir una coincidencia significativa. Él le llamó «teoría de la conexión acausal».

Sueño lúcido. La capacidad del soñador de darse cuenta de que está soñando y de influir en el resultado de su sueño.

Telepatía. La capacidad de la persona de conectar con otra a través del poder del pensamiento.

Tomar tierra. Un proceso esencial en el trabajo psíquico que ancla la energía de la persona a la tierra que tiene debajo.

Viaje astral. La capacidad de viajar en el plano astral.

Visión remota. La capacidad de observar otro lugar o persona por medios psíquicos.

Bibliografía

Andrews, Ted, *How to Meet and Work with Spirit Guides*, Llewellyn, 2004.

Atwater, P. M. H., *Beyond the Light: Near Death Experiences: The Full Story*, Thorsons, 1994.

Bloom, William, *Working with the Angels, Fairies and Nature Spirits*, Piatkus, 1998.

Borgia, Anthony, *Life in the World Unseen*, Odhams, 1954.

Campbell, Joseph with Moyers, Bill, *The Power of Myth*, Doubleday, 1989.

Cooke, Grace, *The New Mediumship*, White Eagle Publishing Trust, 1965.

Crowley, Vivianne, *Jungian Spirituality*, Thorsons, 1998.

Davies, Dr. Brenda, *Journey of the Soul*, Hodder Mobius, 2002.

Gerber, MD, Richard, *Vibrational Medicine for the 21th Century*, Piatkus, 2000.

Graves, Tom, *The Elements of Pendulum Dowsing*, Element, 1993.

Guirdham, Arthur, *The Cathars and Reincarnation*, C. W. Daniel, 1997.

Lewis, James R. y Olivier, Evelyn Dorothy, *Angels A to Z*, Visible Ink Press, 1996.

Minns, Sue, *Soulmates*, Hodder Mobius, 2004.

Myss, Caroline, *Why People Don't Heal and How They Can*, Bantam, 1977.

Sheldrake, Rupert, *Dogs that Know When Their Owners Are Coming Home*, Arrow, 1999.

Shine, Betty, *My Life as a Medium*, Thorsons, 1996.

Stevens, Anthony, *Jung*, Oxford University Press, 1994.

Struthers, Jane, *Tell Your Own Fortune*, Kyle Cathie, 2001.

Struthers, Jane, *The Art of Tea-leaf Reading*, Godsfield Press, 2005.

Twigg, Ena con Hagy Brod, Ruth, *Medium*, Star Books, 1974.

Van Praagh, James, *Talking to Heaven*, Piatkus Books, 1998.

Virtue, Doreen, *Archangels and Ascended Masters*, Hay House, 2003.

Weeks, Nora, *The Medical Discoveries of Doctor Edward Bach, Physician*, C. W. Daniel, 1997.

White, Ian, *Australian Busch Flower Essences*, Findhorn Press, 2004.

White, Ruth, *Working with Your Chakras*, Piatkus, 1993.

Índice temático

Abraham 227
Abuelos como ángeles guardianes 296
Acupuntura 63
Adivinar 166-71
Adultos psíquicos 17
Afirmaciones 118-19, 128
Agua
  Bendiciones 118
  Adivinación con 180-1, 183
  Lavar la energía negativa 112-13
Águila Blanca 226
Alfabeto rúnico 208
Amatista 164-5
Amor
  Protección psíquica a través del 109
  Véase también pareja del alma
Amor psíquico, *véase* pareja del alma
Ángeles 258-73
  Extraños que son 258
  Invocar 266-73
    Al ángel de tu hogar 268-9
    Encontrar mascotas perdidas 334
    Para propósitos específicos 270-3
    Signos de ayuda angélica 267
  Primer coro 262-3
  Reinos angélicos 262
  Segundo coro 264-5
  Tercer coro 264-5
  Véase también ángeles guardianes
Ángeles guardianes 248, 249, 259, 260-1, 265, 296
  Encontrar mascotas perdidas 334
  Invocar a los 261
  Pedir que encuentren pareja del alma 310
Angélico, Fra, 60, 61
Animales 314-37
  Comunicación con 316-25
  Curación 154-5, 272
  Hablar con tu mascota 320-5
  Mascotas psíquicas 326-9
    Ayuda a los dueños enfermos 329
    Muerte de mascotas 328, 335
    Pruebas de 316
    Y fantasmas 327-8
  Perdidos 334-7
Animales domésticos perdidos 334-7
Antepasados y parientes 250-7
Aquino, Santo Tomás de 262, 264
Arcángel Haniel 273
Arcángeles 265, 310
Aromas sobrenaturales 360-1
Atenea 276, 281
Aumentar la confianza 122-3
Auras 13-14, 18, 60-1, 82-95
  Aprender a ver 84

Capas 82, 83
Colores 88, 90-1
En la historia 60-1
Formas 88, 89
Limpieza y curación 92-4, 230
Observar 147
Sentir 86
Sintonizar con 82-3
Técnicas de curación 139-41
Ver el aura alrededor de la cabeza 85
Y chakras 64, 65, 81
Y psicometría 364-9

Babaji 276, 280
Bancos Zen 44
Baños
　Lavar la energía negativa 112-13
　Remedios florales en 175
Barbanell, Maurice 227
Bebés 16
Bebidas, bendiciones 118
Bendecir el alimento 116-18, 280
Bendiciones 116-18, 280
Bolas de cristal 10, 182, 183
Brigit 276, 281
Buda 274-5, 276, 277, 279
Budismo 290
Budismo tibetano 290
Burbuja psíquica 104-5, 112, 231

Cábala 290
Caballos
　Lenguaje corporal 324-5
　Y fantasmas 328

Calcita 165
Campos de energía 12-13
Canalizar 224-43
　Abraham 227
　Águila Blanca 226
　Comprobar la comunicación 236-7
　Contactar con parientes 252-6
　Crear un ritual 240-1
　Encontrar tiempo para 228-9
　Enseñarte a ti mismo 228
　Estar asentado y equilibrado 230-1
　Limpiar tu energía 230
　Meditación 228, 232-5
　Profesores 228
　Seleccionar un tiempo para 238-9
　Seth 226
　Silver Birch 227
　Y la mediumnidad 224
　Y la vida después de la muerte 242-3
Capa astral 83
Cartas del tarot 159, 188, 192-9
　Arcanos mayores 192-3, 194-5
　Arcanos menores 192, 193, 196-9
Cartas Zener 15, 376, 377
Castillo de Glamis, Escocia 246-7
Cayce, Edgar 132-3
Cerebro
　Y creatividad 36, 37, 42
　Y el chakra coronario 79
　Y la mente 34
Ceromancia 219-20
Chakra garganta 64, 68, 69, 74-5, 80, 145
Chakra alta mayor 81
Chakra básico 64, 66-7, 145

Chakra corazón superior 81
Chakra corazón, 64, 65, 72-3, 80, 87, 253
Chakra coronario 64, 78-9, 80, 145
Chakra entrecejo 64, 76-7, 80
 Y la clarividencia 248, 350
Chakra hara 81
Chakra plexo solar 64, 70-1, 87
Chakra sacro 64, 65, 68-9, 145
Chakra tímico 81
Chakras 64-81, 158
 Básico 64, 66-7, 145
 Cierre de, 179, 188-9, 351
 Corazón 64, 65, 72-3, 80, 87, 253
 Coronario 64, 78-9, 80, 145
 Cristales para 162, 164-5
 Desarrollo de las habilidades de clarividencia 348, 350, 351
 Entrecejo 64, 76-7, 80, 348, 350
 Escanear 144-5
 Garganta 64, 68, 69, 74-5, 80, 145
 Plexo solar 64, 70-1, 87
 Sacro 64, 65, 68-9, 145
 Sentir tus chakras 87
 Superiores 64, 80-1
 Y canalización 231
 Y colores del aura 90-1
 Y curación 139
 Y radiestesia 166
Chakras superiores 64, 80-1
Chamuel, arcángel 264, 310
Cheiro 372-3
Chi 61, 63
Cielo 243

Círculos psíquicos 21, 184-91, 348
 Abrir la sesión 186-8
 Cerrar los chakras 188-9
 Como marco de trabajo 184-6
 Directrices para los 190-1
 Establecer el tono de 186
 Programa para 188
Cirugía psíquica 130-1
Citrino 164
Clariaudiencia 11, 340, 342-3, 343, 352-7
 Desarrollar la capacidad de la 356-7, 362-3
 Y lenguaje 352-4
Claricognición 11
Clarisentiencia 11, 358-63
 Desarrollar 362-3
 Detectives psíquicos 359-60
 Y aromas sobrenaturales 360-1
 Y telepatía 359
Clarividencia 11, 340, 345-6, 374
 Clarividentes famosos 346-7
 Desarrollar capacidades clarividentes 248-51
 Visión remota 374, 380-1
Coincidencia 26-7
Conchas, escuchar las 357
Consciencia
 Conectar con estados de 42-5
 Estados alterados de 36-7
Cornalina 164
Creatividad
 Ensoñar creativo 313
 Y ondas cerebrales 36, 37

Cristales 99, 158, 160-5
    Comprar 160-2
    Cualidades 164-5
    Cuidar de los, 162
    Dedicar 163
    Y elixires de gemas 175
Cristiandad, y reencarnación 290
Cuarzo claro 164
Cuarzo rosa 99, 165
Cuencos cantarines 114, 115
Cuerpo celestial 83
Cuerpo emocional 83
Cuerpo etérico 82, 83
Cuerpo mental 83
Cuerpos
    Examen psíquico 142-7
    Experiencia de salir del cuerpo 38
    Experiencias de cercanía a la muerte 40-1
    Proyección astral 41
    Sistema de energías sutiles 60
Cuerpos astrales 38

Dalia Lama 291
Déjà vu 378-9
Detectives psíquicos 359-60
Dionisio el Areopagita 262
Dios y el chakra coronario 78-9
Dioses y diosas 274, 276
Discusiones, energía negativa después de las 114-15
Dominaciones 264
Duelo 251

Ectoplasma 344
Edward, John 347
Ejercicio 123
Ejercicios de respiración 102-3
Elixires de gemas 175
Embarazos de gemelos 288
Encantamientos 244-7
    Desarrollo de la clarisentiencia 362
    Repetitivos 246
Encantamientos repetidos 246
Energía sutil 58-95
    Véase también auras; chakras
Equilibrarte 24-5
Escritura automática 176- 238
Esencias de flores de matorrales australianos 113, 173
Espejos
    Lectura con, 181-2, 183
    Protección del espejo psíquico 107, 109
Espíritus
    Y clarividencia 342-3
    Preguntar a los 20
Espíritus guía 101, 248
    Canalización 224-43
    Espíritus maestros 274-81
    Y círculos psíquicos 187-8
    Y escritura automática 176-9
Espíritus maestros 274-81
    Ejemplos de 276
    Invocar 278-81, 310
Estado mental de calma 18-19
Evangelios gnósticos 290-1
Experiencia cercanas a la muerte 40-1
Experiencias de salida del cuerpo 38

Experimentos de laboratorio 13-14
Explicación científica de la capacidad psíquica 12-15

Fantasmas 244-7, 360
   Animales y 327-8
Fotografía Kirlian 13-14, 61
Freud Sigmund 34-5, 46

Gabriel, arcángel 262, 265, 270-1
Ganesha 276, 280
Gardner Jeanne 373
Gatos
   Ayudar a sus dueños enfermos 329
   Comunicación con los 319
   Lenguaje corporal 320-1
   Y fantasmas 327
Geller, Uri 14, 382, 383
Gobierno de Estados Unidos, programa de visión remota 380
Grupos
   Curación a distancia de 153
   Grupos del alma 287
   Practicar la psicometría en 364-5
   Véase también círculos psíquicos
Grupos de desarrollo psíquico, 248
Guardianes psíquicos 107
Guirdham, Arthur 378

Hinduismo 290
Hogares, invocar al ángel de tu hogar 268-9
Hojas de té, lectura 218-19
Howe, Elías 37

Hundimiento del *Titanic* 371-2

I Ching 47, 200-7
   Hexagramas 200, 202-7
   Tiradas del 201-2
Idiomas y clariaudiencia 352-4
Imaginación 18-19
Inconsciente colectivo 45-6, 133
India, y reencarnación 291
Indicaciones intuitivas 370-1

Jainismo 290
Jerarquía celestial 262
Jesucristo 276, 277, 279, 382
Juana de Arco 262
Jung, Carl 26, 34, 46-7, 49, 133

Karma 284, 290
   Y relaciones con pareja del alma 303
Kennedy, Robert, asesinato de 373
Krishna 276, 278, 279
Kulagina, Nina 382-3

La mente
   Cómo funciona 34-5
   Escanear el cuerpo con el ojo de la mente 146
Lakshmi 276, 281
Lapislázuli 165
Lectura adivinatoria 180-3
Lenguaje corporal
   Caballos 324-5
   Gatos 320-1
   Perros 322-4

Libre albedrío y muerte 370, 371
Libro tibetano de los muertos 41
Libros
   Canalizados 226
   Para desarrollar capacidades clarividentes 348
Life in the World Unseen 243
Limpiar la energía negativa 112-15
Limpiar la ropa 113
Listas de deseos, encontrar una pareja del alma 310-13
Llamas gemelas 288-9, 309
Lucidity Institute, California 56

Maestros ascendidos, *véase* espíritus maestros
Maitreya, 276, 2739
Mandalas 48-9
Mariposas 220, 221
Mascotas, *véase* animales
Materialización 344-5
Medicina china
Meditación 19, 42, 44-5
   Cortar cuerdas 305
   Desarrollar habilidades clarividentes 348, 349
   Distintas formas de 45
   Y canalización 228, 232-5, 238
      Contactar con parientes 254-7
   Y círculos psíquicos 188
Meditación budista 45
Meditación de escucha 45
Meditación enfocada 45
Meditación guiada 45

Meditación trascendental 45
Meditaciones de visualización 45, 188, 348, 349
Médium física 344-5
Médiums 101, 340
   Clarividentes famosos 346-7
   Mediumnidad física 344-5
   Y canalización 224
   Y clariaudiencia 352
   Y clarisentiencia 358
Mentes inconscientes 35
   Inconsciente colectivo 45-6, 133
Meridianos 62-3
Metatrón, arcángel 271-2
Miguel, arcángel 263, 265, 271
Muerte
   De mascotas 328, 335
   Penar por los seres queridos 251
   Y libre albedrío 370, 371
Música, en preparación para el trabajo psíquico 23
Naturaleza, adivinación a través de la 220-1
Niños
   Psíquicos 16-17
   Telepatía entre padres e hijos 374, 375
Niños prodigio 290

Objetos perdidos, búsqueda con radiestesia de 170-1
Ondas alfa 36, 37, 42, 43
Ondas beta 36
Ondas delta 36
Ondas gamma 36

Ondas theta 36
Oraciones 99
   Y curación 128
Ordenadores, y escritura automática 177, 178

Paramnesia 378
Parientes 250-7
   Contactar con el mundo espiritual 252-7
   Pena por la muerte de 251
Pauli, Wolfgang 26
Péndulos 18, 158, 166-71
   Entrenamiento 168-9
Péndulos de cristal 18
Percepción extrasensorial 374
   Evaluar la 377
Perros
   Ayudar a los dueños enfermos 329
   Comunicación con 318
   Lenguaje corporal 322-3
   Y fantasmas 327
Personas desaparecidas, y detectives psíquicos
Plantilla etérica 83
Plantilla ketérica 82, 83
Platón 288
Poderes (ángeles) 264
Poderes psíquicos
   Comprobar tus 28-31
   Definición 8-9
   Diferentes 10-11
   Explicación científica de los 12-15
   Peligros de los 20-1
Polillas 220

Poltergeists 244, 247
Praagh, James van 347
Precognición 34, 370-3, 374
   Sueños precognitivos 51-2
Premonición 370-3
Preparación para el trabajo psíquico 22-5
Principados 264
Protección psíquica 96-123
   A través del amor 109
   Distintas formas de 99
   Ejercicios 104-6
   Necesidad de 100-1
   Sistema de advertencia 110-11
   Y canalización 231
Proteger tus pertenencias 105-6
Proyección astral 41
Proyección etérica 41
Psicometría 188, 358, 359, 362, 364-9, 374
   Dar una lectura 368-9
   Trabajar en un grupo 264-6
Psicoquinesis 341, 344, 382-3
Punto transpersonal 81

Quemar incienso 135
Querubines 263

Radiestesia 166-71, 374
Rafael, arcángel 265, 272, 273, 334
Raguel, arcángel 272
Ramtha 226
Raziel 263
Reencarnación 242-3, 290-3
   Actitudes culturales hacia la 291

En Tíbet 291
Mascotas 328
Recuerdos de vidas pasadas 293
Y *déjà vu* 378
Y llamas gemelas 288
Y regresiones a vidas pasadas 300-1
Y relación con pareja del alma
 284-7, 290
Y religión 290-1
Registros akásicos 133, 272
Regresión a vidas pasadas 300-1
Relaciones entre compañeros del alma
 284-7, 294-313
 Aprender de 294-5
 Ejercicio de cortar cuerdas 304-7
 Encontrar tu pareja del alma 308-13
 Entender las 298-301
 Estar de acuerdo en tener
  diferencias 286
 Grupos del alma 287
 Liberarse de 302
 Primeros encuentros 295
 Problemas en 295-7
 Y llamas gemelas 288-9, 309
 Y regresión a vidas pasadas 300-1
 Y votos que no se han soltado 301
Religión 290-1
Remedios florales 113, 172-5
 Remedio de rescate 115, 336
Remedios florales de Bach 113,
 172-5, 336
Rituales 23
 Para canalizar 240-1
Runas 208-17

Alfabeto rúnico 208
Elder Futhark 211
Lanzar las 210-11
Orígenes de 208
Trabajar con las 211

Sal marina 113, 115
Sanación 78, 124-55, 129
 A distancia 148-53, 129
 Con contacto 145-51, 148
 De animales 154-5, 272
 Directrices 134
 Psíquica 129
 Técnicas 138-41
 Tipos de 128-9
 Y canalización 224
 Y clarisentiencia 358
Sanación energética, *véase* sanación
Sanación espiritual 129
Sanación por contacto 145-46, 148
Sanación por la fe 129
 Grupos de gente 153
Schucman, doctor Helen 227
Sensaciones de aviso 110-11
Serafines 263
Seth 226
Sheldrake, doctor Rupert 326
Shine, Betty 346
Sikhismo 290
Silva, Edivaldo 130
Silver Birch 227
Simposio (Platón) 288
Sincronicidad 26-7, 47
Smith, Gordon 347

Soñar despierto, encontrar a la pareja
   del alma 313
Stead, W. T. 372-3
Stevenson, profesor Ian 293
Stokes, Doris 355
Sueños 35, 50-7
   Aprender de 54
   Lúcidos 56-7
   Mensajes en los 51
   Precognitivos 51-2
   Recordar los 55-6
   Y REM 50-1
   Y salud mental 50
   Y viaje astral 51
Sueños lúcidos 56-7
Sustancias alucinógenas 42

Telepatía 34, 188, 374-7
   Practicar 374
   Y cartas Zener 15, 376, 377
   Y clarisentiencia 359
   Y percepción extrasensorial 374
   Y visión remota 381
Telequinesis 18, 374
Temor, superación del, 120-1
Thoth 276, 281

Tíbet, y la reencarnación 291
Tomar tierra y equilibrarse 24-5, 189
   Y canalización 230
Topacio 165
Tradiciones chamánicas 36-7
Tronos (ángeles) 263, 264
Turmalina negra 99, 164
Twigg, Ena 346, 347

Un curso de milagros 227
Uriel, arcángel 262, 263, 271

Velas 23
   Y ceromancia 219-20
   Y rituales para canalizar 240-1
Vesta 276, 280
Viaje astral 51
Vida después de la muerte 242-3
   Parientes y antepasados 250-7
Virgen María 276, 279
Virtudes (ángeles) 264
Visión remota 374, 380-1

Wilhelm, Richard 47
World Trade Center, sueños sobre
   la destrucción del 52-3

Agradecimientos

CRÉDITOS FOTOGRÁFICOS
Fotografía especial: © Octopus Publishing Group Limited/Russell Sadur.

Other photography: Alamy 331; /Ace Stock Limited 52–53; /allOver photography 317; /Bubbles Photolibrary 300–301; /Damita Delimont 153; /Mary Evans Picture Library 249, 345, 376; /nagelestock.com 245; /Alan Novelli 254. **Bridgeman Art Library**/Bonhams, UK, Phillips, The International Fine Art Auctioneers, UK 299. **Corbis UK Limited** 106, 121, 281; /Bettmann 35; /Gary Edwards/zefa 296–297; /Blasius Erlinger/zefa 290; /David Lees 61; /Hans Neleman 40; /Vittoriano Rastelli 246–247; /Roger Ressmeyer 34; /Bo Zaunders 256; /Herbery Zetti 27. **DigitalVision** 16. **Getty Images** 113, 149, 286, 372; /Jutta Klee 379; /LWA 122. **ImageSource** 22, 119, 285, 294. **Mary Evans Picture Library** 347; /Guy Lyon Playfair 130, 383; /SPR 227. **Octopus Publishing Group Limited** 48, 159, 162, 164–165, 229, 292, 318, 370; /Bob Atkins 324, 325 top, 325 bottom; /Paul Bricknell 102, 274–275; /Stephen Conroy 266; /Fraser Cunningham 9, 12, 24, 58, 83, 85, 86, 87, 90–91, 138, 139, 143, 151, 160, 358; /Robert Estall 322; /Steve Gorton 319, 320, 323, 326, 332, 334, 336; /Colin Gotts 111, 289; /Mike Hemsley at Walter Gardiner 302; /Mike Hemsley 107, 222, 241; /Ruth Jenkinson 19, 128, 148; /Ray Moller 321; /Ian Parsons 114, 212–217; /Mike Prior 18, 65, 99, 158, 161, 167, 175, 231, 236, 258, 342; /Peter Pugh-Cook 173; /William Reavell 54, 57, 354; /Tim Ridley 327; /Ian Wallace 115; /Mark Winwood 135, 361. **PhotoDisc** 221, 233, 234, 381. **Photolibrary Group** 17, 328; /Teo Lannie 123. **Science Photo Library**/Oscar Burriel 15; /Ian Hooton 172; /Manfred Kage 13; /National Library of Medicine 47; /Alfred Pasieka 62. **TopFoto**/Charles Walker 132.

AGRADECIMIENTOS DE LA AUTORA

Muchas personas me han ayudado a escribir este libro y me gustaría extender mi agradecimiento a todas ellas. En primer lugar, me gustaría dar las gracias a todas las personas de Godsfield Press, porque una vez más ha sido genial trabajar con ellas. En particular, gracias a Sandra Rigby por pedirme que escribiera el libro; a Jennifer Barr por ser tan servicial en todo momento; a Clare Churly por su gestión día a día del libro; y, por último, pero no menos importante, a Mandy Greenfield por sus meticulosas correcciones. Gracias a mi querido amigo y colega, Frank Clifford, por prestarme libros de referencia. También me gustaría dar las gracias al personal de la biblioteca Tenderden, que solicitaron tantos libros para mí y fueron una ayuda incesante. Como siempre, quiero declarar mi agradecimiento y amor a mi agente, Chelsey Fox, y a mi marido, Bill Martin. Y, finalmente, me gustaría dar las gracias a Sophie y Hector, que tanto me han enseñado.

Editora ejecutiva Sandra Rigby
Editora de gestión Clare Churly
Editora ejecutiva de arte Sally Bond
Diseñadora Julie Francis
Bibliotecaria de las fotografías Sophie Delpech
Controladora de producción Simone Nauerth